Gudrun Burkhard

Das Leben geht weiter

PRAXIS ANTHROPOSOPHIE 49

Praxis Anthroposophie – Dialoge, Initiativen, Entwürfe:
Taschenbücher, die die Welt nicht nur als bestehende erfassen, sondern sie auch vorausdenkend entwickeln möchten.

Über das Buch: Der Mensch erlebt sich heute mehr und mehr als ein Teil der gesamten Menschheit – als ein Teil des Kosmos, er ist der Mikrokosmos im Makrokosmos. Immer mehr Menschen suchen heute deswegen nach einem Verständnis ihrer eigenen Entwicklung, weil sie dadurch auch das, was in der Welt heute vorgeht, besser verstehen. Durch eine erweiterte Biographiearbeit, die in der hier vorliegenden Fortsetzung von *Das Leben in die Hand nehmen* beschrieben wird, fühlt sich der Mensch nicht mehr alleine, sondern von geistigen Kräften getragen. So beschreibt Gudrun Burkhard, wie der Mensch im Schlaf und nach dem Tode von geistigen Wesenheiten begleitet wird, die damit auch Anteil nehmen an seiner Schicksals- und Lebensgestaltung. Sich dieser geistigen Kräfte bewußt zu werden, ist ein Teil der Vertiefung, die mit diesem Buch geleistet wird.

Über die Autorin: Gudrun Burkhard wurde als Kind deutscher Eltern in Brasilien geboren. Sie ist Ärztin und Mitbegründerin der anthroposophischen Tobias-Klinik und des Biographischen Zentrums Artemisia in São Paulo. Seit 1977 gibt sie Kurse in Biographiearbeit. Sie ist neben Bernard Lievegoed eine der erfahrensten anthroposophischen Therapeutinnen auf dem Gebiet der Biographie.

GUDRUN BURKHARD

Das Leben geht weiter

Geistige Kräfte
in der Biographie

VERLAG FREIES GEISTESLEBEN

Anschrift der Autorin:
Gudrun Krökel-Burkhard
Estrada Geral do
RioTavares 647
Cep: 88 0 62 - 600
Florianópolis –
SC / Brasil

ISBN 3-7725-1249-6

1. Auflage 1998
Verlag Freies Geistesleben
Landhausstraße 82, 70190 Stuttgart
Internet: www.geistesleben.com

Umschlag: Walter Schneider, unter Verwendung
eines Bildes von Gerhard Wendland
Druck: Clausen & Bosse, Leck

Inhalt

Danksagung

Dieses Buch soll eine Danksagung an all die lieben Menschen sein, denen ich während meiner Europazeit 1988 – 1997 begegnet bin und die mir die Biographiearbeit in Europa ermöglicht haben. Namen möchte ich nicht einzeln hervorheben – sind sie doch alle im Herzen mit dabei und wissen es!

Hier in Brasilien möchte ich vor allem meinem Mann Daniel Burkhard danken, der mit viel Geduld mein Kommen und Gehen ertragen hat. Auch für die vielen Stunden, die zum Mitschreiben des Buches nötig waren und die vielen Anregungen, die ich in gemeinsamen Gesprächen durch ihn erhielt, bin ich ihm sehr dankbar. Das Zustandekommen eines Buches ist auch immer eine Schicksalsfrage. Dieses Mal stand kein Zeichner zur Verfügung, und so enthält das Buch eben keine Zeichnungen. Dafür hatte ich hier an meinem neuen Wohnort Florianópolis das Glück, jemanden zu finden, der die schriftliche Arbeit an dem Computer übernahm: Mechthild Sichtermann.

Herzlichen Dank möchte ich auch allen sagen, die mit der Einsendung ihrer interessanten Berichte zur Vervollständigung und zum Gelingen dieses Buches beigetragen haben!

Gudrun Krökel-Burkhard
Florianópolis, Brasilien
im Mai 1998

Die ganze Natur ist eine Melodie,
in der eine tiefe Harmonie verborgen ist.

Johann Wolfgang von Goethe

Einführung

Liebe Leserinnen und Leser!

Nachdem ich dieses Buch schon fast zuende geschrieben hatte, stellte ich mir die Frage: Warum habe ich es geschrieben, was will ich denn vermitteln? Ganz gewiß habe ich das Buch nicht wegen des Erfolgs des vorhergehenden Buches geschrieben oder weil mir vielleicht das Schreiben leicht fallen würde, nein, ganz im Gegenteil: Es fällt mir sehr schwer, meine Gedanken in schriftlicher Form zu fassen. Es ist für mich wesentlich einfacher, Seminare und Biographiekurse zu geben, wo ich im direkten Austausch mit den Menschen stehe und eine konstante gegenseitige Befruchtung und Bereicherung stattfindet. Dieser Austausch ist für mich unerläßlich – ich glaube, ich lerne selbst am meisten bei diesem Prozeß. So bin ich den Menschen, mit denen ich seit Jahren im Gedankenaustausch stehe und natürlich auch einigen neu Hinzugekommenen unendlich dankbar für ihre vielen Hinweise, denn nur mit diesen konnte dieses Buch entstehen.

Aber nun zu der Frage zurück, warum ich dieses Buch geschrieben habe. In meinem Leben hat es immer wieder Momente gegeben, die mir sagten: Es ist an der Zeit, dies oder jenes zu tun; und so war es auch in diesem Fall. Die Zeit war gekommen, dieses Buch zu schreiben, der richtige Augenblick durfte nicht verpaßt werden.

Denke ich an den Buchinhalt, so geht es eigentlich um ein für viele bereits bekanntes Thema. Viele Menschen, und heute vielleicht immer mehr, sind mit den Ideen der Reinkarnation und des Lebens nach dem Tod konfrontiert, aber sie neigen dazu, die Gedanken darüber zurückzuweisen. Tatsächlich wird ja auf diesem Gebiet auch viel Unsinn geschrieben und es werden falsche Schlüsse gezogen. So muß ich sagen: Mir kommt es überhaupt nicht darauf an, ob wir zu Einsichten über frühere Leben kommen; wohl aber ist mir die Erkenntnis ein Anliegen, daß wir von den geistigen Mächten mit immer wieder neuen Schöpfungskräften beschenkt werden; auch ist es mir wichtig, daß wir Dankbarkeit ihnen gegenüber entwickeln können, um unsere Biographie mit Mut und Zuversicht zu durchleben; ferner ist es für mich ein Ziel, daß wir Liebe und Freiheit entwickeln können, um unseren Teil zur Entwicklung der Menschheit und der Erde beizutragen. Dieses Bewußtsein kann heute jeder entwickeln. Es ist auch die Zeit gekommen, wo wir lernen müssen, miteinander verstärkt über unsere geistigen Erfahrungen zu sprechen; so können vielleicht auch andere Menschen wachgerüttelt werden und dabei lernen, sich ihre Erlebnisse bewußter zu machen.

Die Menschheit steht am Ende dieses Jahrtausends in großen Umwandlungsprozessen, in denen geistige Mächte nicht nur die positive Entwicklung des Menschen fördern, sondern in denen auch die sogenannten negativen Kräfte, die Gegenmächte, auftreten, die ein ganz besonderes Interesse an dem haben, was der einzelne Mensch tut. Ein jeder von uns ist für sie außerordentlich interessant und wichtig. So ist es von großer Bedeutung, daß wir dieser spannenden Zeit – unserer Zeit – gerecht zu werden versuchen und die geistigen Erkenntnisse, die uns das Beobachten und Verstehen unserer Biographie ermöglichen, nicht verpassen; denn der Zeitenwandel hat es mit sich gebracht, daß die geistigen Schöpfermächte unsere aktive Beteiligung und Hilfe brauchen.

Dieses Buch soll im Anschluß an das erste Buch «Das Leben in die Hand nehmen»[1] einen Weg weisen, wie man sich in seine eigene Biographie weiter vertiefen kann. In ihm sind die Ergebnisse meiner Vertiefungskurse über die Planetenkräfte, das Leben nach dem Tod und das menschliche Karma festgehalten. Es werden auch einige neue Gesetzmäßigkeiten der Biographie angesprochen.

In welchem Sinne diese Arbeit gemeint ist, kann folgendes Zitat von R. Steiner zeigen: «Der alte Wahrspruch eines griechischen Mysterientempels ‹Erkenne dich selbst› geht durch die Menschheit als eine Aufforderung zu der tiefsten menschlichen Betrachtungsweise. Er stellt eine der größten Wahrheiten dar, aber es geht mit diesem Ausspruch wie mit allen eigentlichen großen Wahrheiten: richtig verstanden, bedeuten sie etwas Universelles, etwas Gewaltiges. – Aber nur allzu leicht können sie mißverstanden werden – und dieser insbesondere. Er ist niemals im ursprünglichen Sinne so gemeint gewesen, daß der Mensch sein alltägliches Selbst betrachten soll, auch niemals so, daß der Mensch die Summe alles Wissens in sich selber finden könne. Wenn wir ihn richtig verstehen, so bedeutet er eine Aufforderung, das Selbst, das höhere Selbst des Menschen zu erkennen. . . . Daher ist mit Selbsterkenntis, wenn sie richtig verstanden wird, Selbstentwicklung gemeint.»[2]

Immer wieder erhalte ich Briefe von Menschen, die mir berichten, daß sie durch ihre Biographiearbeit wesentliche Endeckungen machen konnten und gerne einen Erfahrungsaustausch mit anderen vornehmen möchten. Einen solchen Austausch begrüße ich sehr und möchte anbieten, ihn auch hier von Brasilien aus weiter zu pflegen. Immer mehr Menschen beginnen heute, nicht mehr nur über materielle Dinge, sondern über geistige Dinge zu sprechen! – Es ist dafür an der Zeit! (Wenn Sie mir schreiben möchten, finden Sie meine Anschrift im Impressum auf Seite 4.)

Die Erkenntnis eines solchen Zusammenhanges zwischen Ursachen und Wirkungen in unseren einzelnen Lebensabschnitten, die wir durch unser gewöhnliches Bewußtsein überschauen können, kann uns schon im höchsten Grade förderlich sein im Leben.

Rudolf Steiner

I. Die Spiegelungen im Lebenslauf – «Ich bin ein Bürger des Kosmos»

Im siebten Kapitel meines Buches «Das Leben in die Hand nehmen» wurde die Methodik der Biographiearbeit ausführlich beschrieben. Es folgt an dieser Stelle eine kurze Wiederholung und Ergänzung. Es wurde über die seelische Spiegelung, die um das 21. Lebensjahr herum stattfindet, gesprochen. In der vorangehenden Zeit bis zum 21. Lebensjahr entwickelt sich der dreigliedrige physische Leib; bis zum 7. Lebensjahr bildet sich das Nerven- Sinnessystem aus, vom 7.-14. Jahr entwickelt sich das rhythmische System (Herz und Lungentätigkeit) weiter und vom 14.-21. Jahr bildet sich das Stoffwechsel- Gliedmaßensystem mit den Geschlechtsorganen, dem Gliedmaßensystem und den Stoffwechselorganen aus. Diese drei Systeme können als die Instrumente des Denkens, Fühlens und Wollens angesehen werden.

Wenn die physiologische Reife dieser drei Systeme erreicht ist, können in den Jahren 21-42 die Kräfte für die seelische Entwicklung, die mit dem 21. Lebensjahr durch die Ich-Geburt beginnt, freigesetzt werden. Die erste Phase der seelischen Entwicklung besteht in der Entfaltung der Empfindungsseele vom 21.-28. Lebensjahr. In dieser Zeit arbeitet das Ich an der Empfindungsseele. Diese Zeit steht in starker Wechselwirkung mit der Lebensphase von 14-21. Vom 28.-35. Jahr findet die Entwicklung der Verstandes- oder Gemütsseele statt. Hier arbeitet das Ich an den Verstandes- und Gemütskräften. Diese Phase steht in starker Wechselbeziehung mit der Zeit von 7-14. Ebenso steht die Entfaltung der Bewußtseinsseele vom 35.-42. Lebensjahr in Beziehung zu der Lebenszeit von 0-7 Jahren.

Aus diesem Grunde kann sich das, was in der Zeit bis zum 21. Lebensjahr eine physische Impression hervorgerufen hat, auf der seelischen Ebene in der Zeit von 21-42 spiegeln, und zwar in umgewandelter Form (ein Beispiel hierfür ist die Ausarbeitung der

Spiegelung in der Biographie 4 des Buches «Das Leben in die Hand nehmen». Siehe auch Seite 55f. dieses Buches). *Es kann solche Spiegelungen geben, muß aber nicht.*

Eine weitere von uns im vorigen Buch besprochene Spiegelung war die Inkarnationskurve und die Exkarnationskurve. Im Alter von 31 Jahren bin ich mit meinem geistigen Wesen am tiefsten in meinem Körper angekommen und habe mich am meisten inkarniert. Man könnte den zu diesem Punkt führenden Prozeß als eine große Einatmung bezeichnen; dann beginnt die große Ausatmung, bzw. eine langsame Exkarnation. So spiegelt sich z.B. das erste Jahrsiebt, währenddessen die Strukturierung des Nerven-Sinnessystems stattfindet, in der Zeit des neunten Jahrsiebtes vom 56.-63. Lebensjahr. In dieser Zeit löst sich ein Teil der Kräfte wieder, der sich im 1. Jahrsiebt an das Nerven-Sinnessystem gebunden hatte. Der Ausbildung des rhythmischen Systems im zweiten Jahrsiebt entspricht das Freilassen der Kräfte aus den Organen des rhythmischen Systems im achten Jahrsiebt von 49-56. Schließlich spiegelt sich die Ausreifung der Geschlechtsorgane im dritten Jahrsiebt von 14-21 mit den Vorgängen im siebenten Jahrsiebt von 42-49, wo die Kräfte aus diesen Organen entschwinden.

Diese Abbauprozesse ermöglichen zugleich die Entwicklung neuer geistiger Organe und neuer Fähigkeiten wie derjenigen der Imagination von 42-49, der Inspiration von 49-56 und der Intuition von 56-63. Ein Beispiel für die Ausgestaltung dieser Spiegelung findet man in der Biographie 5, Ende 4. Kapitel. In einem Vortrag geht Rudolf Steiner noch in einer anderen Form auf diese Spiegelung ein.[3] Erst in älteren Jahren können wir eigentlich verstehen, was sich in früheren Jahren ereignet hat. Wir können zwar in jüngeren Jahren unsere Erlebnisse haben, darüber nachdenken und uns unsere Vorstellung machen, aber das wahre Verständnis der jeweiligen Lebensphase kommt erst später. So können wir erst zwischen 56 - 63 auf das erste Jahrsiebt (0 - 7) so zurückblicken, daß wir es verstehen, mit 49 - 56 auf das zweite Jahrsiebt (7 - 14) und zwischen 42 - 49 auf das dritte Jahrsiebt (14 - 21). Zwischen 35 und 42 lernen wir die Jahre von 21 - 28 verstehen. «In den Jahren von 28 bis 35 kann man etwas erleben, was man gleichzeitig – in dem man es erlebt – auch verstehen kann; da ist ein gewisses Gleichgewicht zwischen Verstehen und Denken. In der ersten Hälfte des Lebens kann man Verschiedenes denken, kann man Verschiedenes vorstellen, um das Verständnis voll zu erleben, was man in der ersten Hälfte des Lebens vorstellen kann, muß man die zweite Hälfte des Lebens abwarten.»

Im Verfolgen von Aufbau- und Abbauprozessen kommt man auf eine weitere Spiegelungsachse. Sie liegt im 42. Lebensjahr und wurde ebenfalls in dem Buch «Das Leben in die Hand nehmen» besprochen. Die Abbauprozesse ab dem 42. Lebensjahr können die Entwicklung neuer Geistorgane ermöglichen. Das kann in der Lebensphase von 21-42 vorbereitet werden. Wir können in dieser Zeit unsere Seele so umgestalten, daß sie eine echte Schale für den Geist wird. Das Geistig-Kosmische kann sich mehr und mehr ungetrübt im Kelch der Seele spiegeln (siehe folgendes Spiegelungsschema). Die Spiegelung um das 42. Jahr:

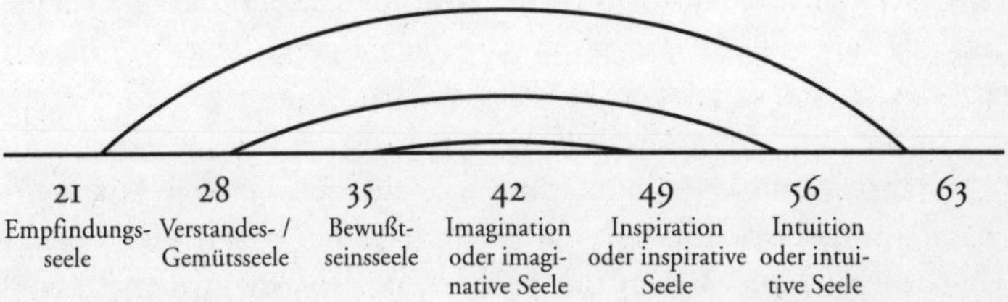

Nun wollen wir noch einige neue Spiegelungen hinzufügen. Im Kapitel II wird die Spiegelung um das 28. Lebensjahr näher beschrieben.

Rudolf Steiner geht bei den Spiegelungen in der Biographie gelegentlich von der Mitte des Lebens aus, wobei er sich auf das 35. Lebensjahr bezieht. Ich persönlich habe mit dieser Spiegelung nicht gearbeitet, weiß aber von Kollegen, die es gerne tun. Es geht ihnen auch um Einatmungs- und Ausatmungsprozesse in der Biographie. Man kann sich aber fragen: Wäre denn das 36. Lebensjahr als Spiegelungsachse nicht angebrachter?

Unser Leben ist Ausdruck des Sonnenrhythmus. Die Sonne benötigt ein Jahr, um durch den ganzen Tierkreis zu wandern. Da sich die Erde um die eigene Achse dreht, steht die Sonne zwei Stunden am Tag in jedem Tierkreiszeichen und vollzieht somit ihre volle Runde durch 12 Tierkreiszeichen in 24 Stunden. Nun gibt es eine Präzessionsbewegung, in deren Folge sich der Frühlingspunkt der Sonne langsam verschiebt. Diese Verschiebung von einem Grad dauert 72 Jahre. Ab diesem Zeitpunkt hat sich der Geburtstag eines Menschen um einen Tag verschoben, d.h. das exakte Verhältnis der Sonne zum Tierkreisbild hat sich dann gegenüber dem Geburtsaugenblick um einen Grad verschoben. Rudolf Steiner führte dazu aus, daß nunmehr die Sonne den «Geburtsstern» nicht mehr bedecke und der Mensch daher von seinem Stern zurückgerufen werden könne. Das ergäbe das Maß für ein Menschenalter![4] Halbiert man nun die Zahl 72, so kommt man auf das Alter von 36 Jahren für den Zeitpunkt der Lebensmitte.

Nun kann man das Leben aber nicht nur in neun oder zehn Jahrsiebte einteilen, sondern auch in einen zwölfgliedrigen, sechsjährigen Lebenszyklus. Für diesen sind maßgebend das 6. Lebensjahr, das 12., das 18., das 24., das 30 Lebensjahr, dann das 36., das 42., das 48., das 54., das 60., das 66. und das 72. Lebensjahr. Hieraus ergibt sich ein Rhythmus in der Biographie, der mit Jupiter zusammenhängt. Jupiter benötigt zwölf Jahre, um den Tierkreis zu durchwandern, da er sich jeweils ein ganzes Jahr bei einem Tierkreiszeichen aufhält. Die Bedeutung Jupiters werden wir in dem Kapitel «Sternenrhythmen im Lebenslauf» näher besprechen. Auf jeden Fall ergeben sich an der Achse des 36. Lebensjahres weitere Spiegelungsmöglichkeiten.

Eine Kursteilnehmerin äußerte einmal: «Ich finde gar keine Spiegelungen in meiner Biographie. Wie ist das möglich?» Ich gab ihr den Rat, ein einschneidendes Erlebnis aus ihrer Biographie zu nehmen und dieses Ereignis als Spiegelpunkt zu betrachten, um von diesem aus vorwärts und rückwärts zu gehen. Diese Angabe findet sich auch bei Rudolf Steiner in dem ersten Vortrag aus «Die Offenbarungen des Karma».[5] Die Teilnehmerin, die diese Äußerung gemacht hatte, war anschließend ganz beglückt, weil sie nun viele Elemente für Spiegelungen fand. Viele Menschen äußern vor oder nach einem solchen Ereignis spontan: «Ich bin ein ganz anderer Mensch!» Sie spüren: Ihr Leben hat ab diesem Zeitpunkt eine Wendung gemacht. Man kann also durchaus auch ein solches lebensbestimmendes Ereignis als Achse für eine Spiegelung auswählen.

Bei einer Spiegelung spielen stets Ursache und Wirkung eine Rolle. Zwei sich lediglich gegenüberstehende Ereignisse im Spiegel sind in diesem Sinne keine Spiegelung, bzw. nur in zeitlicher Hinsicht. Andererseits müssen wir bei den Spiegelungen vorsichtig sein, da es nicht ausschließlich um eine Beziehung von Ursache und Wirkung geht. Alle Wirkungen sind eigentlich lebendige Metamorphosen. Diese Metamorphosen müssen wir erst lernen anzuschauen und zu verstehen.

Wenn hier in diesem Buch vom Karma, von den Verwandlungen von einem Leben zum anderen gesprochen wird, so ist es sehr wichtig, den Gedanken der Metamorphose und des prozessualen Wandels im Blick zu behalten.

Das Finden von Gesetzmäßigkeiten in unserer Biographie verbindet uns mit übergeordneten kosmischen Gesetzmäßigkeiten; wir können uns wieder als Bürger des Kosmos in eine Ganzheit eingliedern und dabei als individueller Mensch das Menschheitliche erleben.

Übung zur Verobjektivierung der Ereignisse:

Durch folgende Übung kann man lernen, Ereignisse der eigenen Biographie objektiver zu betrachten und zu verstehen. Das ist auch eine Vorbedingung, um den Spiegelungscharakter eines Ereignisses beurteilen zu können. Eine Methode zur Vertiefung in Ereignisse der Biographie hat sich als besonders geeignet erwiesen, uns bei der Objektivierung zu helfen, so daß wir nicht ständig unser seelisch Unverdautes aus der Vergangenheit in die Gegenwart hineinziehen. Zunächst suche man aus jedem Jahrsiebt, an dem man arbeiten möchte, ein Ereignis aus, das einen besonders bewegt hat. Dieses Ereignis sollte so lebendig, so bildhaft wie möglich vor einem stehen. Wie alt war man?

Wie sah man aus? Wie war die Kleidung? Wie war die Umgebung? Wo geschah das Ereignis? Welche Menschen waren dabei oder waren mitbeteiligt? Alles das sollte in allen Einzelheiten und so genau wie möglich als Bild in Erinnerung gebracht werden.

Beim zweiten Schritt frage man sich: Was habe ich dabei gefühlt? Als dritten Schritt versuche man, das Ereignis so detailliert wie nur möglich zu modellieren. Ferner frage man sich, was vor diesem Ereignis geschah und welche Konsequenzen es hatte.

Nachdem ich nun meine «Szene» modelliert und aufgebaut habe, beginnt – wie in der Biographiearbeit üblich – eine Gruppenarbeit mit ungefähr vier Teilnehmern. Natürlich kann die Weiterarbeit auch zwischen zwei Personen oder mit einem Therapeuten erfolgen. Jeder stellt nun seine Arbeit vor und dies sollte wiederum so bildhaft wie möglich geschehen. Durch ausgiebiges Fragen der anderen Teilnehmer geht es wiederum darum, daß ein genaues Bild erstellt wird. Im Anschluß daran berichtet der Betreffende über die Gefühle, die er zu dem damaligen Zeitpunkt hatte; er kann auch mit seinem Körper eine Geste ausführen, die dieses Gefühl ausdrückt.

In diesem Sinne beschreibt jeder sein Ereignis.

In einer nachfolgenden zweiten Runde dürfen die anderen Teilnehmer sagen, was sie aus dem Modell von dem Ereignis ersehen können. Dies sollte rein sachlich und objektiv beschreibend geschehen. Es sollte möglichst keine psychologische Interpretation darin enthalten sein. Zum Beispiel: «Ich sehe, daß du dich ebenso groß wie deinen Vater gemacht hast», «ich sehe, daß sich alles in einem Innenraum abspielt, daß keine Tür da ist, usw.»

Ein weiterer Schritt besteht in dem Versuch, zu erkennen, ob dieses Ereignis archetypisch für das ganze Jahrsiebt ist, oder ob es etwas Einzigartiges und nicht Vergleichbares zum Ausdruck bringt.

Der letzte Schritt wäre die Arbeit an der Frage: Welche Konsequenzen hatte dieses Ereignis für mein späteres Leben. Damit wäre der Prozeß beendet. Es ist nun eine neue Sicht auf das Geschehene entstanden. Die Folge ist, daß man besser mit ihm in Frieden leben kann, daß man den Druck, der von dem Ereignis ausgegangen war, vielleicht ablegen kann. Ist das noch nicht möglich, sollte eine weitere Bearbeitung vorgenommen werden.

Nun kann man die Arbeit auch so fortsetzen, daß man ein zweites Ereignis bearbeitet und eine zweite Modellierarbeit gestaltet. Hier versucht man nun, gewissermaßen eine Metamorphose dieses Ereignisses im späteren Leben darzustellen, also eine Spiegelung. Man kann auch anders ansetzen und fragen: Welche Umwandlung des 1. Ereignisses wünsche ich mir im späteren Leben? Dann kann man daran arbeiten.

Suchet in euch, so werdet ihr alles finden, und erfreuet euch, wenn da draußen, wie ihr es immer heißen möget, eine Natur liegt, die Ja und Amen zu allem sagt, was ihr in euch gefunden habt!

Johann Wolfgang von Goethe

II. Neue Aspekte des 28. Jahres und die Spiegelung um die Achse des 28. Jahres

Anhand der Biographie 1 des Buches «Das Leben in die Hand nehmen» wollen wir jetzt ein neues Element der Biographie erarbeiten. Hier geht es um das 28. Lebensjahr, das wir auch schon als den Zeitpunkt kennengelernt haben, an dem es um die Krise der Talente und das Sterben der Begabungen geht. Wie kommt dieser Angel- und Krisenpunkt des 28. Jahres zustande? Um das zu verstehen, muß man die Gesetzmäßigkeiten der vorangehenden Lebenszeit miteinbeziehen.

Das 1. Jahrsiebt steht unter der Wirkung der Sonnenkraft, die ermöglicht, daß der Ätherleib einen neuen Menschen hervorbringt. Hierbei werden die alten, vererbten Substanzen des physischen Leibes zum größten Teil ausgetauscht. Der Zahnwechsel kennzeichnet den Abschluß dieses Prozesses. Im 2. Jahrsiebt arbeitet der Astralleib besonders intensiv. Er wandelt den Leib vom 7. bis 14. Lebensjahr soweit um, daß unter der Einwirkung der Mondkräfte die Geschlechtsreife entstehen kann. Im 3. Jahrsiebt wird der Mensch mit Hilfe der planetarischen Kräfte noch einmal umgewandelt. Es wirken nun im Körperlichen wie im Seelischen der Mond, die Sonne und die Planetenkräfte zusammen.

Doch bleiben immer auch Substanzen zurück, die nicht mehr ausgewechselt werden können, z.B. die Zähne. Eine weitere Substanzerneuerung, bzw. ein weiterer seelischer Entwicklungsschritt vollzieht sich vom 21. bis 28. Lebensjahr unter der Wirkung der Fixsternkräfte. Ab diesem Zeitpunkt gibt es für den Menschen keine Möglichkeit mehr, sich vom Kosmos aus substanzmäßig oder auch seelisch zu erneuern. Er muß jetzt von seinem Ich aus diese Erneuerung vollbringen. Dieser Punkt um das 28. Jahr herum ist ein Gleichgewichtspunkt, ein Nullpunkt. Rudolf Steiner bezeichnet im Pastoral-medizinischen Kurs den Punkt, der mit diesem Alter erreicht wird, als Hypomochlion.[6]

Es sei noch hinzugefügt, daß die Verlagerung des Hypomochlions nach vorne (also in die Zeit vor 28) im Menschen die Entstehung von Zwangsideen bewirkt. Tritt das Hypomochlion später auf als im 28. Jahr, führt es zur Entstehung einer Unreife, die es nicht zuläßt, daß der Mensch in voller Freiheit handelt.

Wir können nun das 28. Lebensjahr als Spiegelungsachse benützen und dabei eine besonders interessante Spiegelung machen. Bei dieser Spiegelung spiegelt sich der erste Mondknoten (18 ½ Jahre) mit dem zweiten Mondknoten (37) und der dritte Monknoten (56) mit der Geburtsstunde.

Vielleicht kann der Leser einmal versuchen, sich zu erinnern, was mit 28 Jahren in seiner eigenen Biographie stattgefunden hat. Lassen sich in dieser Zeit vielleicht Elemente einer neuen Verantwortung und damit auch einer neuen inneren Freiheit finden?

Versuchen wir nun, uns das anhand der Biographie 1 aus dem Buch «Das Leben in die Hand nehmen» anschaulicher zu machen. Die Fähigkeit, Verantwortung zu tragen und der Gewinn der inneren Freiheit sind die neu zu erwerbenden Qualitäten, auf die man dabei achten sollte.

Es folgt eine kurze Zusammenfassung der Biographie 1:

«Ich wurde als das dritte Kind in Portugal geboren. Meine erste Erinnerung ist ein Erlebnis mit zwei Jahren, als ich eine Vision der Muttergottes hatte. Als ich drei Jahre alt war, wurde eine Schwester geboren; der Vater verlor in dieser Zeit Hab und Gut; es folgte die Auswanderung nach Brasilien. Meine wiederum schwangere Mutter und wir Kinder kamen nach. Die erste Niederlassung erfolgte in Salvador, wo nach kurzer Zeit meine zwei jüngsten Schwestern an einer Durchfallerkrankung starben. Als ich fünf Jahre alt war, gingen meine Eltern nach Rio de Janeiro und versuchten dort zu leben. Dies erwies sich als überaus schwierig und so wurde beschlossen, daß die Mutter mit uns vier Kindern (es war noch ein Jüngeres geboren worden) nach Portugal zurückkehren sollte. Dort besuchte ich die Volksschule. Mit elf Jahren erkrankte ich an Paratyphus.

Mein Vater hatte in der Zwischenzeit in São Paulo eine Keramikfabrik für Wasserfilter aufgebaut. Als ich zwölf war, gingen wir wieder nach Brasilien. Wegen meines portugiesischen Akzents bekam ich Schwierigkeiten in der brasilianischen Schule, was zur Folge hatte, daß ich mich immer mehr verschloß. Mit 14 Jahren besuchte ich eine Sekretärinnenschule, um dann im Alter von 16 Jahren meine erste Stelle in einer von meiner Mutter neu gegründeten Firma anzutreten.

Als ich 18 Jahre alt war, fuhren wir alle – Eltern und Geschwister – zu Besuch nach Portugal. Nach der Rückkehr nahm ich meine Arbeit wieder auf, wurde finanziell unabhängig, lernte Englisch und nahm Klavierunterricht. Dennoch schlich sich ein Gefühl des Unnutzes und der Leere bei mir ein. Mit 25 Jahren begann die Beziehung mit meinem zukünftigen Mann. Als ich 28 war, heirateten wir. Als mein Vater starb, war ich 29. Mit 31 bekam ich eine Darminfektion mit bis zu 40° Fieber. Im Traum hatte ich eine Begegnung mit Petrus im Himmel. Als ich 32 war, bekam mein Mann eine Art Polyneuritis, was sich später als Multiple Sklerose herausstellte. Vier Jahre später gingen wir in die Wegman Klinik nach Arlesheim, wo wir neun Monate blieben. In meinem 37. Lebensjahr verbrachten wir einige Monate in Portugal.

15 Jahre lang pflegte ich nunmehr meinen Mann morgens und ging nachmittags meiner Arbeit nach. Ich arbeitete in dem Geschäft für Wasserfilter aus Keramik. Es waren Jahre der Liebe, der Reinigung und der inneren Läuterung. Als ich 43 war, zog meine alte Mutter zu uns ins Haus, und als ich 48 Jahre alt war, starb mein Mann.

Nach dem Ableben meines Mannes stürzte ich mich in die Arbeiten des Geschäfts. Ich eröffnete einige Filialen und hatte dann vier große Häuser zu verwalten, was eine große Anstrengung war. Deshalb begann ich mit 56 Jahren die Arbeitsmenge langsam abzubauen. Als ich dann 63 war, kam mir noch stärker zu Bewußtsein, wie absurd meine intensive Tätigkeit war, und daß ich seit neun Jahren keinen Urlaub mehr gemacht hatte. Deshalb entschloß ich mich mit 66 Jahren, nochmals nach Portugal und in die Schweiz zu fahren, wo ich mir das Goetheanum ansah und wieder die Ita Wegman Klinik aufsuchte. Auf der Rückreise faßte ich den Entschluß, auch noch das letzte Geschäft zu verkaufen.

Doch haben mein Neffe und seine Frau im Innern des Staates von São Paulo, in São José dos Campos, ein neues Geschäft eröffnet, das im Februar 1989 eingeweiht wurde. Es mußte aber 1990 schon wieder geschlossen werden. In São Paulo vermietete ich auch meine alte Wohnung. Nachdem das Haus zweimal von Dieben heimgesucht und ausgeräumt worden war, verkaufte ich es und zog in ein Appartement.

Am Ende des Jahres stellte sich heraus, daß ich an zu hohem Blutdruck litt. Dennoch machte mich meine damalige Tätigkeit, die darin bestand, für einen Blinden die finanzielle Verantwortung zu tragen, sehr glücklich. Zum Wochenende fuhr ich gerne zu meiner Schwester ins Landesinnere. Leider verkaufte sie ihre Farm. Als ich 68 Jahre war, wählte Brasilien einen neuen Präsidenten: Fernando Collor de Mello. Wegen der von ihm ergriffenen Wirtschaftsmaßnahmen wurden unsere Gelder sehr knapp. Das Leben in São Paulo wurde sehr schwierig, und ich zog mich ganz in meine Appartementwohnung zurück.»

Heute ist M.A.L. 75 Jahre alt. Vor einem Jahr zog sie zu ihrer Schwester nach São José dos Campos, so daß die beiden Witwen jetzt zusammen in einem Haus wohnen. Wegen der Distanz zu São Paulo hat M.A. ihre Kontakte zur Anthroposophie und der Christengemeinschaft ganz verloren. Sie macht auf ihre Umgebung einen sehr depressiven Eindruck.

Hauptdaten der Biographie:

2 Jahre:	Erste Erinnerung (geistiges Erlebnis).
3 Jahre:	Der Vater siedelt nach Brasilien um.
4 Jahre:	Sie selber kommt nach Brasilien – Verlust zweier Geschwister.
5 Jahre:	Nach Portugal zurück.
11 Jahre:	Paratyphus.
12 Jahre:	Zurück nach São Paulo, Brasilien.
14 Jahre:	Ausbildung als Sekretärin.
16 Jahre:	Sie beginnt zu arbeiten.
18 Jahre:	Reise nach Portugal, Besuch der Orte ihrer Kindheit.
25 Jahre:	Sie lernt ihren zukünftigen Mann kennen.
28 Jahre:	Heirat, Tod des Vaters.
31 Jahre:	Darminfektion – übersinnliches Erlebnis.
32 Jahre:	Erkrankung des Mannes.
36 Jahre:	Neuer Einschnitt – sie lernt in Arlesheim die Anthroposophie kennen.
37 Jahre:	Reise nach Aveiro, Portual.
43 Jahre:	Die Mutter kommt ins Haus.
48 Jahre:	Tod des Mannes – Ausbau der Geschäfte.
56 Jahre:	Allmähliche Abgabe der Geschäfte, von denen sie nur noch eines behält.
63 Jahre:	Intensive Arbeit in einem Geschäft (nie Ferien).
66 Jahre:	Reise zum Goetheanum, in die Ita-Wegman-Klinik und nach Portugal – Entschluß, auch das letzte Geschäft zu verkaufen (Übergabe an den Neffen).
67 Jahre:	Verkauf des Geschäfts – Neffe eröffnet ein Geschäft in São José dos Campos, das jedoch nur ein Jahr überlebt.
68 Jahre:	Regierungswechsel in Brasilien. Drastische Wirtschaftsmaßnahmen führen zu finanziellen Schwierigkeiten.
74 Jahre:	Umzug zur Schwester nach São José dos Campos.
75 Jahre:	Seit drei Jahren depressiver Zustand.

Nehmen wir in dieser Biographie eine Spiegelung um das 28. Lebensjahr vor, so erhalten wir folgendes Schema:

Geburt in Portugal	*		56	Abgabe aller Geschäfte,
				mit einer Ausnahme
Erste Erinnerung	2			
Vater geht nach Brasilien,	3			
Mutter + Kinder folgen				
Verlust zweier Geschwister	4			
Rückkehr nach Portugal	5			
	(7)		49	
			48	Tod des Mannes,
				Ausbau der Geschäfte
Zurück nach São Paulo,	12			
Brasilien				
			43	Mutter zieht ins Haus ein

Reise nach Portugal; Besucht Orte der Kindheit	18		
	19	37	Reise nach Aveiro
	20	36	Antroposophie in Arlesheim
	21	35	
	22	34	
	23	33	
	24	32	Erkrankung des Mannes
lernt zukünftigen Ehemann kennen	25	31	Darminfektion / übersinnliches Erlebnis
	26	30	
	27	29	Tod des Vaters

28 Heirat

Das entscheidende Ereignis um das 28. Lebensjahr ist die Heirat, die ihr eine neue Lebensaufgabe stellt, die sie bis zum 48. Lebensjahr durchträgt. Auch in der nächsten Biographie ist der Zeitpunkt um 28 mit neuen Verantwortungen verbunden.

Ich war mit euch vereint.
Bleibt in mir vereint.
Wir werden zusammen sprechen
In der Sprache des ewigen Seins.
Wir werden tätig sein
Da wo Tatenergebnis wirkt.
Wir werden weben im Geiste
Da wo gewoben werden Menschengedanken
Im Wort der ewigen Gedanken.

Rudolf Steiner[7]

III. Geistige Erlebnisse in der Biographie – 1. Teil

Immer mehr Menschen haben heutzutage geistige Erlebnisse. Immer mehr Menschen haben deshalb auch das Bedürfnis, über diese geistigen Erlebnisse zu berichten, sie einzuordnen und zu verstehen. In der Biographiearbeit haben wir Gelegenheit, dies zu tun. Wir können in einer Umgebung, in der wir uns geborgen fühlen, innerhalb eines kleinen Personenkreises diese Erlebnisse schildern.
Die nachstehende Biographie (Biographie 2 aus dem Buch «Das Leben in die Hand nehmen») ist ein Beispiel dafür:

Die wichtigsten Lebensdaten:

- Vater Indianer, Mutter Portugiesin, sie ist das 7. Kind von 12 Geschwistern;
- sie wächst bei der Großmutter, die Heilerin ist, in der «Oca» (Indianerhaus) auf; sie ist von dieser zu ihrer Nachfolgerin ernannt worden;
- mit 6 Jahren lernt sie Lesen, das Schreiben bringt sie sich selbst bei;
- mit 9 Jahren stirbt die Großmutter. Das Indianerhaus («Oca») wird abgebrannt, sie findet nur noch ein Häufchen Asche vor;
- von da an ernährt sie die Familie mit Früchten, Wurzeln usw.;
- der Vater wird Politiker und sieht sich Verfolgungen ausgesetzt. Sie begleitet ihn und trägt dabei stets seinen Revolver in der Tasche;
- in der Schule überspringt sie die ersten drei Anfangsklassen; sie bringt den Arbeitern Lesen und Schreiben bei;
- Besuch des Gymnasiums; als erste Frau in der Familie darf sie studieren. Durch Nebenbeschäftigungen unterhält sie sich selbst. Mit 16 Jahren nimmt sie eine Tätigkeit beim Radio auf und beteiligt sich an der Gründung einer Zeitung; sie wird bekannt, so daß die Militärregierung auf sie aufmerksam wird;

17 -18:	Für ein Jahr im Gefängnis;
19 Jahre:	Guerillakämpferin. Im selben Jahr folgt eine zweite Gefangenschaft, in der sie u.a. auch gefoltert wird. Einlieferung ins Krankenhaus, wo sie Fieberschübe hat. Holt sich die Lupus-Erkrankung;
21-28:	Flucht während des Krankenhausaufenthalts. Es folgen Jahre des Exils in verschiedenen Ländern. Studiert Soziologie. Heiratet einen Mann, der bereits einen Sohn hat; sie bekommt selbst ein Kind;
28 Jahre:	Rückkehr aus dem Exil in die Heimat;
30 Jahre:	Trennung von dem Ehemann. Aufnahme der Tätigkeit im Unterrichtswesen;
32 Jahre:	es folgen Arbeiten in der Werbebranche und bei einem Filmregisseur;
35 Jahre:	erneute Begegnung mit einem Mann, Verliebtheit, Schwangerschaft und Verlust des Kindes im 3. Schwangerschaftsmonat. Ex-Ehemann holt die beiden Kinder zu sich. Gefühle der Leere und Sehnsucht kommen auf;
37 Jahre:	Beginn der Suche nach Geistigem. Kinder kehren zurück;
38 Jahre:	neue Partnerschaft (diese Beziehung hält sechs Jahre – bis 44);
39 Jahre:	Beginn des Studiums der Anthroposophie.

Lassen wir nun Tanga selbst zu Wort kommen:

«Ich blicke heute auf meine zweite Gefangenschaft zurück, wo ich so gefoltert wurde, daß mein Blut den Abfluß entlang lief. Dabei überkam mich der Gedanke: ‹Mein Leben läuft den Abfluß runter – ich könnte mich dem Tod hingeben› ... *Aber da wurde eine große Kraft in mir wach. Ich brachte es fertig, mich bis zur Zellenwand zu schleppen und daran anzulehnen – ich sah meinen Körper, schwebte über ihm – ich ergriff ein nasses Tuch, um das Blut zu stoppen, Wärme und Licht durchströmten mich, und ich fühlte, wie eine unsichtbare Hand meine Hand ergriff – an die Wand gelehnt, konnte ich bis zum nächsten Tag schlafen. Dann wurde ich ins Krankenhaus gebracht. Heute weiß ich, daß es die Christuskraft und die Hand Christi war, die mir diese Kraft einflößte.*

Ein anderes geistiges Erlebnis hatte ich in meinem fieberhaften Zustand in einer Lupus-Krise. Da ich sieben Lungenentzündugen hintereinander hatte, war ich lange Zeit in einem Krankenhaus interniert. *Im Krankenhaus* saß ich *im Bett, ich war alleine, da kam eine Gestalt ganz aus Licht auf mich zu, es war ein Engel und er sagte: ‹Dir ist das Leben geschenkt worden, bis du deine Mission auf Erden erfüllt hast.›*

Später, als ich älter und zum ersten Mal in der Artemisia war, ich war damals ca. 39 Jahre alt, hatte ich wieder einmal hohes Fieber wegen Lupus und meiner rheumatischen Beschwerden. *Ich saß auf meinem Bett und hatte das Gefühl, daß ich Gott um etwas bitten möchte. Wieder fühlte ich mich von Wärme und Licht durchströmt, und so bat ich ihn darum, gesund werden zu dürfen, um meine Kinder großziehen zu können.*

Und von diesem Augenblick an war mir, als ob ich gesünder würde – und so ist es ja auch gekommen. Ich habe schon an drei Biographiekursen teilgenommen, und immer noch gibt es Teile meiner Selbst in meiner Biographie, die ich noch nicht integriert habe. Aber ich bin auf dem Weg dahin.

Wie ging das Leben äußerlich weiter? Meiner Foto- und Filmproduktion geht es sehr gut. Ich habe ein eigenes Studio und erhalte große Aufträge, die häufig Streß in mir hochkommen lassen. Meine beiden Söhne sind außer Haus. Anfänglich versuchte der Jüngste noch manchmal, sein Zimmer bei mir beizubehalten; für mich aber war es sehr wichtig, nach seinem Abgang zum Studium das ganze Haus umgestalten zu können.

Meine letzte Partnerbeziehung hielt etwa sechs Jahre an, doch dann merkte ich, daß es einfach nicht mehr ging. Ich mußte meine Freiheit, meine Ordnung, meinen Rhythmus leben können. Die Trennung war schmerzhaft, aber richtig.

Ich habe eine Freundschaft mit einem Partner, der in den USA lebt. Wir machten einige gemeinsame Arbeiten in Chile; seine Frau ist gelähmt. Wir schreiben uns viel – für mich ist das zur Zeit befriedigend.

Was meine Mission anbetrifft, so muß ich immer öfter und intensiver in meine Kindheit zurückkehren: in die Zeit, in der ich mit meiner indianischen Großmutter zusammenlebte, die mich dazu auserkoren hatte, ihre Nachfolgerin als Heilerin zu werden. Immer deutlicher erinnere ich mich der Pflanzen, die sie gebraucht hat, an Massageanwendungen, Heilsprüche und wende bereits einige von ihnen an, da ich einmal in der Woche als Voluntärin in einem Krebskrankenhaus tätig bin, wo ich den Menschen bei ihrem letzten Schritt über die Todesschwelle beistehe. Auch studiere ich seit dem 39. Lebensjahr Anthroposophie und verstehe mehr und mehr den geistigen Urprung der Natur, des Menschen und der Welt. Ich flüchte nicht vor meinen geistigen Wahrnehmungen, sondern versuche bewußt, sie zu verarbeiten.

Im Milieu des Films nehmen viele Menschen Drogen oder Alkohol zu sich. Mit ihnen muß ich arbeiten und verhandeln. Häufig sitzen sie an ihren Schreibtischen und ich vor ihnen. Zu ihnen gesellen sich Wesenheiten mit den verschiedensten Grimassen – sie scheinen an diesen Menschen zu saugen – je nach der Art der Droge, die diese Menschen nehmen. In menschlicher Gestalt zeigen sich diese Wesenheiten in den unterschiedlichsten Gebärden und Grimassen. Durch Gebet kann ich sie fernhalten oder sogar den Menschen helfen.

Abends beim Einschlafen versuche ich bewußt, in die geistige Welt zu gehen. Auch nehme ich dann vieles wahr, z.B. alte Epochen der Erde, aber auch viel Unheil und Böses.

Auch versuche ich jetzt, den Spuren der Indianergruppe meiner Großmutter nachzugehen. Sie kamen vom hohen Norden, arbeiteten dann wohl in der Salzgewinnung in Espírito Santo, von wo aus angeblich Jesuiten Salz nach Europa verschifften. Weiter bin ich noch nicht gekommen. Doch weiß ich, daß ich auch in Zukunft heilend tätig sein möchte. Weiter die Spuren meiner Großmutter verfolgend, möchte ich das Alte mit dem Neuen verbinden.»

Es folgen die wichtigsten Daten aus Biographie 3, die ich wiederum aus dem Buch «Das Leben in die Hand nehmen» übernehme:

«Ich war die mittlere von drei Töchtern einer jüdischen Familie. Mein Vater war Geschäftsmann, die Mutter, eine gute Mutter, war Hausfrau. Mit Frohsinn, Humor und Kreativität gewann ich in meiner Kindheit die Menschen für mich.

Mein Vater starb, als ich 17 Jahre alt war und mit 20 heiratete ich. Innerhalb von vier Jahren gebar ich drei Kinder. Mit äußerster Perfektion widmete ich mich ein geschlagenes Jahrzehnt meinen Kindern und wollte gleichzeitig nach außen hin eine angesehene Künstlerin sein. Ich begegnete der Anthroposophie und löste mich von den jüdischen Tradtitionen meines Vaters. Vom Agnostizismus bekannte ich mich zum Spiritualismus, bzw. zum Christentum, was für meine Familie sehr schwer zu akzeptieren war. Mit 29 wollte ich eine Superfrau sein, in der Familie eine perfekte Mutter und Ehefrau und gleichzeitig eine erfolgreiche Künstlerin (Bildhauerin). Ausgelöst durch eine Ehekrise, fiel ich mit 30 in mich selbst zusammen; Depressionen und Ängstlichkeit bekamen mich in den Griff.

Ich baute meine Beziehung wieder auf, löste mich von meiner Mutter und war wieder mehr auf mich gestellt. Bald darauf bekam ich eine Reto-Colitis-Ulcerativa, eine psychosomatische Krankheit mit Durchfällen und Darmblutungen. Nach zwei Monaten stellte man fest, daß meine Mutter Krebs hatte; ich verlor völlig den Boden unter den Füßen. Ich vertuschte meine eigene Krankheit und spielte weiterhin die Superfrau. Das ging zwei Jahre so, dann verstarb meine Mutter. Eine Wandlung in der Beziehung zu meiner Krankheit fand statt. Ich akzeptierte sie und wollte ihre Behandlung selber in die Hand nehmen. Ich nahm keine Medikamente mehr, ließ Akupunktur vornehmen, machte Diät, schenkte den Durchfällen und Blutungen weniger Aufmerksamkeit und verlor Gewicht. Ich wurde unfähig, auf die Kinder aufzupassen und am Leben teilzunehmen. Ich wurde schwächer und schwächer, meine Hände wurden von Arthritis befallen, Furunkel bedeckten meinen Körper, ich hatte Schmerzen am ganzen Körper und unterlag Fieberschüben. Dennoch nahm ich keine Ratschläge an. Immer noch meinte ich, als Superfrau mich selber heilen zu können. Schließlich war ich so schlecht dran, daß mein Mann mich ins Krankenhaus einliefern ließ. Ich mußte operiert werden, doch war es unmöglich, mich einer Operation zu unterziehen – ich fühlte meinen nahen Tod. Ich fühlte, ich war an der Schwelle; ich konnte den Tod fühlen und sehen; ich konnte die andere Seite sehen – es wäre nur ein Hinübertreten gewesen. Da kam die Revolte: Warum ausgerechnet ich? Ich bin noch so jung, ich möchte noch vieles in meinem Leben machen, ich habe noch nichts realisiert. Dann hatte ich Angst, große Angst. Nicht vor dem Todesmoment als solchem, denn ich glaube, ich hatte schon das äußerst Mögliche an Schmerzen erlebt. Es war vielmehr die Angst vor der Ungläubigkeit. Ich, die ich ernstlich an die Existenz einer geistigen Welt, an einen Gott, glaubte, an ein Leben nach dem Tod, an den Sinn des menschlichen Lebens, an die Entwicklung des Menschen, sah mich plötzlich mit der Angst konfrontiert, daß nichts danach kommen würde. Und wenn alles eine Lüge war? Und wenn alles mit dem Tod aufhörte? Wenn mein ganzes Leben keinen Sinn hatte? Ich begann, mich von den Menschen gedanklich zu verabschieden, wenn ich sie sah; es könnte das letzte Mal gewesen sein. Von meinem Bett aus schaute ich durch das Fenster, sah die Bäume, den Himmel, die Wetterveränderung, ich schaute mit meinen Augen, hörte mit meinen Ohren, nahm die Gerüche mit meiner Nase wahr, als wenn man zum letzten Mal mit seinen Sinnesorganen alles aufnimmt. Von meinen Kindern, von meinem Mann saugte ich begierig jedes Wort oder eine Liebkosung auf.

Durch die Einnahme eines ungeeigneten Medikaments geriet ich ein zweites Mal an die Grenze des Todes. Ich habe dabei vollkommen verstanden, was es heißt, Panik zu haben; und, was es bedeutet, sich vollständig allein in dieser Welt zu fühlen, isoliert von den anderen Menschen, unfähig, Hilfe von den anderen zu empfangen, obwohl sie diese Hilfe geben wollen.

Plötzlich wurde mir bewußt: Falls es mein Schicksal war zu überleben, konnte dies in Anbetracht des Chaos, in dem sich die Menschheit befindet, nicht umsonst sein. Es mußte einen Sinn haben. Für irgendeinen Zweck mußte ich lebendig bleiben, um mit den Menschen zusammen zu sein, gleichgültig ob sie erreichbar waren oder nicht; es ging darum, mit ihnen zu leben, mit ihnen aktiv zu sein, meinen Beitrag – sozusagen meinen «Pinselstrich» – zu dem großen Bild der Entwicklung der Menschheit beizutragen. Ich spürte in meinem Inneren eine immense Verantwortung und Liebe zu allem.

Ganz langsam begann ich, gegen die Krankheit zu agieren. Allmählich wurde ich kräftiger und hatte auch mehr Hoffnung. Als therapeutische Maßnahme begann ich, mit Ton zu modellieren und beschäftigte mich auch mit Gartenarbeiten. Wer sich schließlich, so wie ich, in einem Exkarnationsprozeß befand, für den war die Erde das Beste, um in ihr einen Halt, sozusagen einen Anker zu finden. Indem ich mich mit Farben und Formen, jedoch in lebendiger Weise, beschäftigte, antwortete ich auf meine Situation mit etwas Lebendigem. Mich mit Schönheit zu umgeben, das war es, was ich tat.

Ich dachte an mein Alter und stellte einen Vergleich an. Mir kam Jesus in den Sinn, der bis zu seinem 30. Lebensjahr gelebt hatte, um sich auf seine große Mission vorzubereiten, der mit 30 Jahren seinen großen Weg des Leidens und der Entsagung begann, um mit 33 gekreuzigt zu werden und dann aufzuerstehen. Ich spürte, daß ich – natürlich in einer anderen Weise – durch eine ähnliche Erfahrung gegangen war. Mit 30 Jahren hatte ich den schweren Gang in Richtung des Todes begonnen, hatte starke körperliche Schmerzen erlebt, die Angst, die Panik, die Einsamkeit und die Schwäche. Ich war in totaler Abhängigkeit von den anderen und mußte ihre Hand annehmen, ohne etwas dafür geben zu können. Ich hatte die Ohnmacht und das Sterben gespürt, ohne daß es richtig eingetreten war. Mit 33 Jahren war der Sturz in Richtung meiner «Kreuzigung» praktisch unaufhaltbar. Dann ging ich daraus wie neu hervor, als ob ich neu geboren wäre. Ich spüre, daß mein jetziges Leben sich einteilt in ein «Davor» und ein «Danach». Dies ist eindeutig.

Ich ließ mich taufen. Damit entschloß ich mich, hier auf der Erde und auch in der geistigen Welt dem großen Schritt, den ich bereits getan hatte, konkrete Formen zu geben. Nämlich mich zu dem zu bekennen, was in mir stattgefunden hatte, zu der Wahrnehmung einer geistigen Welt, die sehr stark ist und zu der ich gehöre und durch die ich hier auf der Erde wirke, solange ich hier bin, in der Gemeinschaft derer, die mich umgeben.

Ich bin nicht geheilt. Diese Krankheit ist sehr schwer zu heilen. Aber ich bin stark und habe Energie zum Wirken und Arbeiten, zum Studieren und um mit meiner Familie und mit der Welt zusammen zu sein, und das möchte ich nicht mehr verlieren. Ich fühle mich etwas kleiner als früher, aber vielleicht gerade deswegen fühle ich mich besser. Ich habe nicht mehr so viele Erwartungen an mich selber, aber ich habe mich lieber.

Ich bin noch nicht dahin gekommen, wohin ich wollte. Viele der alten Fehler haften noch an mir. Häufig ertappe ich mich, wie ich unbewußt kämpfe, auf jeden Fall alles richtig zu machen, und ich falle auch oft in das alte Schema zurück. Manchmal habe ich Angst. Aber auf diese Weise entdecke ich mich mehr denn je als einen Menschen mitten in einem Entwicklungsprozeß, und ich bin glücklich über jeden Tag, den ich hier verbringen darf.

Wie ging es weiter?

Als ich diesen Bericht schrieb, war ich etwa 35 Jahre alt. Inzwischen bin ich 43 geworden und habe noch einige Krisen durchlebt. Viele Male habe ich das Thema «Stirb und Werde – Tod und Auferstehung» durchgemacht, ja, fast erlebt. Schon bei meiner Geburt, erklärte mir meine Mutter, wurde ich als «tot» erklärt und mußte lange im Sauerstoffkasten zwischen Tod und Leben schwebend liegen. Dieses Ereignis ist wohl zu einem Grundton meines Lebens geworden und mag auch die Ängste erklären, die ich stets beim Schwimmen oder Tauchen empfinde; Angst zu ersticken, panische Angst...

Die Krankheit habe ich nun schon seit 13 Jahren. Am meisten hat mir die Arbeit mit den Pflanzen geholfen. Ich habe mein künstlerisches Talent mit der Arbeit mit Pflanzen und der Umgestaltung der Erde verbunden und wirke nunmehr in der Gartenarchitektur. Erst hatte ich eine Geschäftspartnerin; heute arbeite ich alleine, bzw. habe ein oder zwei Gärtner als Helfer.

Mit 36 verschlechterte sich mein Zustand wiederum, denn die Beziehung zu meinem Mann war schwierig. Ich hatte vieles durchgemacht, was er als gesunder Mensch innerlich nicht mitbegleiten konnte. Durch eine eigenartige Schicksalssituation begann ich eine psychotherapeutische Behandlung bei einer ehemaligen Freundin meiner verstorbenen Mutter. Diese Therapeutin hatte einen Wachtraum gehabt, in dem ihr meine Mutter erschienen war und gesagt hatte: «Du mußt dich um meine Tochter kümmern!» Aufgrund dieses Traumes suchte sie mich auf – sie fand mich in einem erbärmlichen Zustand. Wir vereinbarten eine psychotherapeutische Behandlung, die ich bis heute zeitweilig noch weitermache. Die Ärzte rieten zu einer Operation, die mir widerstrebte und die ich nicht wollte. Im Mai 1992, mit 37 Jahren, wurde ich eingeliefert, um mich zwei Wochen zu stärken und dann operieren zu lassen. Die Operation wurde zeitlich festgelegt, jedoch sechs Stunden vor Operationsbeginn erlitt ich einen Herzstillstand. Noch im Zimmer nahm ein junger Arzt eine Herzmassage vor. Erst später wurde ich in die Intensivstation eingeliefert. Es waren schon zwei Minuten verstrichen und der Chefarzt hielt mich für tot, aber der junge Assistenzarzt bestand auf Elektroschock und Herzmassage, und nach 20 Minuten fing das Herz wieder zu schlagen an. Drei Tage lang lag ich im Koma und 15 Tage lang war ich durch eine Gedächtnislücke, die für diesen Zeitraum bis heute anhält, vollkommen abwesend. Ich mußte einen Monat im Krankenhaus bleiben, um mich zu stärken. Es wird die Todesangst gewesen sein, die mein Herz zum Stillstand gebracht hat. Die Operation wurde nicht durchgeführt. Für den jungen Arzt empfinde ich tiefstes Dankbarkeitsgefühl. Noch lange fühlte ich mich wie durch eine Glaswand von der Außenwelt getrennt. So hatte ich auch Angst vor dem Einschlafen, hätte es doch vielleicht kein Aufwachen mehr geben können. Ich war wie getrennt von der Welt und dem Leben. Kurze Zeit danach, ich muß noch im Krankenhaus gewesen sein, mußte ich mich einer Cinecoronargraphie unterziehen. Ich bekam eine Thrombophlebitis und hohes Fieber.

Anschließend verbrachte ich zur Wiederherstellung einige Zeit in der Clínica Tobias. Doch im August desselben Jahres mußte ich unweigerlich operiert werden; ich empfand nichts als Angst und Grauen davor, die Chirurgie nicht zu überleben. So bereitete ich mich spirituell durch Meditation und Entspannungsübungen darauf vor, um in Hamornie mit der geistigen Welt zu gelangen. Nichts durfte falsch und inkohärent mit der geistigen Welt sein. Alles gehörte zu meiner Biographie; ich nahm mich mit. Ich war sehr überrascht, wie glücklich ich war! Nichts machte mir Angst. *Eine große Ruhe überkam mich und damit eine totale Akzeptanz der Ereignisse. Jeder Punkt lag genau an seiner Stelle. Ja, ich fühlte mich selber wie ein Punkt in einem großen Raum. Umgeben von spiritueller Hilfe fühlte ich eine starke Kraft in mir; es war ungewiß, ob ich die Operation überleben würde; ob ich sie überleben oder sterben würde, es war alles gut.*

Es war ein großer Eingriff. Der gesamte Dickdarm sowie Rektum und Sigmoid wurden entfernt, außerdem bekam ich eine Ileostomie (künstlichen Darmausgang). Ich durchlitt viele Schmerzen und Schwächen, konnte kaum essen, und als ich die ersten Reiskörner runterschlucken konnte, war dies ein großer Sieg. Im Krankenhaus kämpfte ich etwa vier Wochen, bis ich mich an die Ileostomie gewöhnt hatte. Auch hegte ich die starke Hoffnung, nach etwa sechs Monaten durch eine weitere Operation eine Heal-Tasche anlegen lassen zu können. Dies gelang schon nach fünf Monaten. Ich konnte meine Arbeit wieder aufnehmen. Im übrigen habe ich mir meine Diät selber zusammengestellt; sie bestand aus Gemüse ohne Fleisch und Kohlenhydrate. Im Januar 1993 erfolgte die letzte Operation. Diese Tatsache mußte ich feiern und so unternahm ich eine Reise ganz alleine nach Europa und durch die USA. Im Februar 1994 kamen erneute Schmerzen an der rechten Seite. Eine neue Operation zur Entfernung einer Ovarzyste (der linke Eierstock war mir schon mit 19 Jahren entfernt worden) und der Gebärmutter fand statt.

Im April 1994 entzündete sich die Heal-Tasche (Reto colites), ich mußte Kortison nehmen. Ein ständiges Fallen und Wiederaufrichten! Heutzutage kann ich besser mit diesen Rückfällen umgehen, habe ich mich doch sehr geändert. Ich fühle mich sicher, bewältige mein Leben gut allein; die gemachten Erfahrungen und Erlebnisse haben mich stark gemacht; das Leben ist schwarz und weiß, Grautöne wie Banalitäten und Unklarheiten haben ihren Wert verloren. Ich mache keine Konzessionen mehr, nutze jeden Moment und bin in jeder Situation ganz gegenwärtig. Das große Geschenk, «mein Leben», das mir gegeben wurde, möchte ich gut verwenden. Vor der Operation war ich ein menschliches Wesen gewesen, das mit seinem Kreuz das ganze Leiden der Menschheit getragen hatte, aber ich blieb am Leben. Wenn ich jetzt am Leben bleibe, so ist es, weil ich Leben in das Leben bringen möchte. Ich arbeite mit der Natur und den Pflanzen zusammen und gestalte Landschaften um. Meine Arbeit ist heute vollkommen kohärent mit mir selber. Ich habe gelernt, bescheiden zu denken und den Arm nur bis dorthin auszustrecken, bis wohin er reicht. In mir ist Lebensfreude, Lust zum Leben und Freude, das Leben weiterzugeben.

Mein Ziel ist die Gegenwart, die Lebensqualität, der Wunsch, gegenwärtig in der Gegenwart zu sein; innerlich aktiv zu sein, auswählen zu können: lohnt es sich oder nicht? Manchmal überfallen mich schlaflose Stunden, in denen ich geistig total wach bin – aber es erschöpft den Körper.

Noch ein paar Worte zu meinen Beziehungen. Durch die Krankheiten wurde ich ein anderer Mensch. Es war sehr schwer für meinen Mann, meine Erlebnisse nachzuvollziehen, ich fühlte mich nicht verstanden. Er war ständig engagiert und brauchte auch jemanden, der ihn verstand und anerkannte. Einen solchen Menschen hatte er gefunden, und so lebten wir einige Jahre getrennt. In dieser Zeitspanne fühlte ich mich besonders von Menschen angezogen, die, bedingt durch eigene Erkrankungen, starke Todesnähen erlebt hatten. Persönlich hatte ich eine Beziehung zu einem Krebskranken, den ich für das Leben begeistern wollte. Das ist mir nicht gelungen und unsere Freundschaft endete nach eineinhalb Jahren. Ich unterhalte mich gerne mit Menschen, die ähnliche «Todesängste» wie ich durchlebt haben, so z.B. auch mit Aids-Kranken. Mit einem hatte ich sogar vereinbart, gemeinsam zu sterben, und ich mußte lernen, ihn alleine gehen zu lassen. Auch hatte ich eine

Freundin aus England, die an Krebs erkrankt war; wir waren sehr verbunden, sie hatte dieselbe Lebenslust wie ich. Auch sie erlebte «Heaven is on earth»; in den neun Jahren ist sie sehr gewachsen – doch leider erhielt ich vor einem Monat ihren letzten Brief.

All dies ist für meinen Mann unverständlich. Ein erneuter Versuch eines gemeinsamen Lebens mußte scheitern. Augenblicklich ist unsere Situation noch ungeklärt.»

Schauen wir uns nunmehr die Biographie A des Ehemannes an, der heute 46 Jahe alt ist:

«Wir sind zwei Geschwister, meine vier Jahre ältere Schwester und ich. Mein Vater stammt aus einer traditionellen brasilianischen Familie; er war ein sehr begabter Sänger und war damals beim Radio, Fernsehen usw. tätig; aber er hatte wenig Geld. Meine Mutter stammt von Italienern ab, die Großfarmer in Brasilien waren (wie es mein Großvater väterlicherseits auch war). Sie wollte vom Innern des Staates São Paulo in die Großstadt und sah durch die Heirat eine Chance dazu. Meine erste Erinnerung ist mit zwei Jahren, als die Stadt São Paulo ihren 400. Geburtstag feierte. Ich erinnere mich an das schöne Wappen der Stadt, das überall aufgehängt war.

Hier in São Paulo wandte sich mein Vater mehr dem Handel zu, sang weniger und wollte lieber zu Hause bleiben als auf Tourneereisen zu gehen. Ich jedoch liebte das Land und verbrachte im ersten Jahrsiebt viel Zeit bei meinen Großeltern auf der Farm. Meine Großmutter und ich liebten uns sehr; ich war der bevorzugte Enkel. Auf der Farm spielte ich viel mit meinen Cousins. Es gab dort etwa fünfzig Häuser für die rund 200 Angestellten. Ich ging häufig in die verschiedenen Häuser und hörte mir die Geschichten der Leute an. Zu Hause spielte ich gerne alleine.

Mit drei Jahren erlitt ich meinen ersten Bronchitisanfall und mußte meine Mutter beruhigen, die sehr aufgeregt war. Mit fünf Jahren kam ich in São Paulo in den Kindergarten, aber nur für sechs Monate, denn ich zog es vor, wieder zu den Großeltern auf die Farm zu gehen. Mit sechs Jahren wurde ich definitiv eingeschult. Die gleiche Schule besuchte ich bis zu meinem 18. Lebensjahr. Meine Mutter war sehr mit mir verbunden, mein Vater mehr mit meiner Schwester.

Im zweiten Jahrsiebt, von 7-11, war ich ein guter Schüler, aber als ich mit elf ins Gymnasium kam, ließ ich nach einem ausgezeichneten Monat sehr nach, es interessierte mich nicht mehr. Ich liebte es, zu Hause mit meinen Zinnsoldaten zu spielen; ich wurde als intelligent aber faul bezeichnet; war es nötig, eine Eins zu schreiben um durchzukommen, konnte ich es.

Als ich 13 war, fiel der Vater in eine tiefe Depression. Er saß die ganze Zeit auf dem Sofa und starrte an die Wand. Es störte mich sehr. Dieser Zustand dauerte etwa ein Jahr.

Als ich mit 8 zur ersten Kommunion kam, weigerte ich mich; die Bilder der Hölle fand ich unangebracht. Die spiritistischen Sitzungen, die bei meiner Tante stattfanden, zogen mich besonders an, und ich suchte nach Erklärungen.

Eigentlich war ich ein scheues Kind. Erst nach dem 14. Lebensjahr – damals wußte ich schon, daß ich Medizin studieren wollte – fing ich an, richtige Freunde zu haben. Zur gleichen Zeit wurden die Klassen gemischt, während wir vorher nur Jungens in der Klasse gewesen waren. Mit den Mädchen schloß ich leichter Freundschaften. Meine erste platonische Liebe hatte ich zwischen 15 und 16. Es war ein Mädchen, das anders war als die Anderen. Ihre Eltern waren Wissenschaftler, sie hatten lange im Exil in Mexiko gelebt. Sie hatten viele Bücher, die mich faszinierten, während es bei mir zu Hause kaum Bücher gab außer Lexika. Ich interessierte mich für klassische Musik, was bei Jugendlichen nicht sehr üblich war und studierte die Enzyklopädie.

Mit 16 wurde meine Wißbegier immer größer. Ich hatte die Medizin gewählt, weil sie mit Menschen zu tun hatte und es außerdem ein praktischer Beruf war, der auch der sozialen Position meines Großvaters gerecht wurde.

Die Aufnahmeprüfung an der Universität fiel mir leicht, und so kam ich mit 18 Jahren gut in die Universität hinein. Ich hatte einige Freundschaften, aber nichts Wesentliches. Mit 19 lernte ich auf einem Karnevalsfest meine künftige Frau kennen, vergaß sie aber wieder, bis sie sich über eine Cousine meldete. Bald zog sie mich sehr an, und ich verliebte mich in sie. Sie studierte plastische Künste und stammte aus jüdischem Haus. Erstaunlicherweise hatte ich zu dieser Zeit lauter jüdische Freunde.

Zu Ostern bekamen wir zufällig eine Einladung, ein billiges Wochenende in den Bergen zu verbringen – und siehe da, es war ein anthroposophisches Treffen. Wir waren an einer Teilnahme sehr interessiert. Die Leiterin des Treffens, eine anthroposophische Ärztin, machte mich auf die Tobias Klinik aufmerksam. Aber auch eine andere Freundin, deren Vater an Krebs erkrankt und bei einem der dortigen Ärzte in Behandlung war, wies auf die Klinik hin. So lernte ich dort einen der Chefärzte kennen und nahm an einer Studiengruppe über die sieben Metalle teil.

Zwischen meiner «Braut» und mir vertiefte sich die Beziehung. Ich unternahm noch eine Europareise, um Paris, London, Italien und die Schweiz kennenzulernen; ich fühlte aber eine solche Sehnsucht nach meiner Freundin, daß ich sicher war, sie nach meiner Rückkehr heiraten zu wollen. Durch den Tod ihres Vaters erhielt sie eine Erbschaft, die es uns ermöglichte, ein Appartement zu kaufen, und wir entschlossen uns, zu heiraten.

Es war im Mai, ich war knapp 23 Jahre alt und das fünfte Jahr an der Universität. Wir wollten nicht sofort Kinder haben, aber eines Tages kam meine Frau auf die Nothilfestation, in der ich Dienst hatte, und brachte die «glückliche» Nachricht, sie sei schwanger. Bei mir dauerte es einige Tage, bis ich mich an den Gedanken gewöhnt hatte, Vater zu werden.

Bei Beendigung meines Studiums war ich von der Medizin enttäuscht und dachte daran, vielleicht doch Landwirt wie mein Großvater zu werden. Doch dann erinnerte ich mich an die Tobias Klinik. Nach einigem Hin und Her wurde ich dort als Assistenzarzt angenommen. Ich malte, machte Eurythmie, hörte mir Pflanzenkunde an, wobei auch über Gnome und Elementarwesen gesprochen wurde. Am meisten aber sagte mir die wissenschaftliche Art zu, in der einer der Kollegen die medizinischen Aspekte der Geisteswissenschaft behandelte.

Inzwischen wurde meine erste Tochter geboren und im nächsten Jahr kam das zweite Mädchen. 1978, ich war 26 Jahre alt, entschlossen wir uns, nach England zu gehen. Wir mieteten dort ein Haus, nahmen eine Hausangestellte mit und besuchten beide das Emerson College. Nach einiger Zeit wechselte ich auf das Center for Social Development über; meine Frau war zum dritten Mal schwanger. Das Beeindruckendste war für mich das Erleben der Jahreszeiten. Ich ging zu Fuß zum College; auf dem Weg konnte ich die Natur betrachten, den Herbst, den Winter, den Frühling, Erlebnisse, die wir hier in Brasilien so gar nicht haben. Das dritte Kind drohte eine Frühgeburt zu werden und machte uns einige Sorgen. Nach dem Englandaufenthalt verbrachten wir noch drei Monate in der Schweiz, wo ich in der Lukas Klinik das anthroposophische Ärzteseminar besuchte.

Ende 1980, ich war nun 28 Jahre, kamen wir nach Brasilien zurück. Ich wurde nun als Arzt in der Tobias Klinik eingestellt. Wir wohnten noch drei Jahre im Appartement, dann suchten wir uns ein Haus. Gleichzeitig kaufte ich in der Nähe der Klinik ein Grundstück und wir begannen mit dem Hausprojekt. Äußerlich war alles gut, auch die Ehe. Mit 32 Jahren fühlte ich jedoch eine große innere Unzufriedenheit. Ich war zu abhängig von meiner Frau und brauchte meinen eigenen Raum; ein größerer Individualisierungsprozeß mußte stattfinden. Auch mußte ich meinen eigenen Weg im Freundeskreis finden, dort fühlte ich mich immer minderwertig. Ging ich allein mit Freunden aus, fühlte sich meine Frau verletzt. Ich fing an, mir Fragen zu stellen: Was ist los?

Einer alten Einladung folgend, entschloß ich mich zu einer Reise in den Norden des Landes. Im Flugzeug lernte ich eine sehr interessante Frau kennen. Sie war aus dem Süden – sehr frei, eine Universitätsprofessorin, sozialistische Einstellung, bereits approbiert – ich verliebte mich gänzlich in sie. Nach zwei Wochen kam meine Ehefrau nach. Mit der anderen Frau traf ich mich weiterhin alle drei Monate. Meine Frau und ich hatten immer von einer offenen Ehe gesprochen, so daß ich jetzt, ein Jahr später, mit ihr darüber sprach in der Annahme, daß sie mich verstehen würde. Aber keineswegs, sie war tief verletzt; sie empfand es als Trauma und klagt mich bis heute dafür an. Ich zog für einige Wochen aus und begab mich in das Ärztehaus der Klinik, doch wußte ich, daß ich mit meiner Frau weiterhin verheiratet bleiben wollte. Mein Interesse an dem Hausbau hatte ich allerdings verloren.

In meiner Arbeit als Arzt engagierte ich mich völlig. Nach ein paar Wochen zog ich wieder nach Hause, aber meine Frau entschloß sich, für einen Monat ihre Schwester, die ein kleines Hotel in Baia hat, zu besuchen. Unbewußt wollte sie sich an mir rächen oder zeigen, daß auch sie es anders konnte. So begann sie in diesem Monat eine Beziehung dort, kam nach Hause und erzählte mir ihr Abenteuer. In diesem Moment stürzte alle Theorie der offenen Ehe in sich zusammen. Jetzt fühlte ich mich gekränkt, verletzt und niedergeschlagen; etwas war zerstört worden, das zwischen uns wie ein Ideal, etwas Heiliges, gewesen war.

Nach dieser Zeit fühlte ich mich freier. Ich traf meine Freundin im Süden, wir reisten zu einem Ferienort. Meine Frau fand dies heraus, rief mich an und ich beendete die Freundschaft definitiv. Meine Frau und ich versöhnten uns wieder und begannen jetzt mit dem Bau unseres «Traumhauses». Ein Freund aus Rio de Janeiro lud uns zu einer Ausstellung ein, und ich sagte zu meiner Frau: «Ich weiß nicht warum, aber ich glaube, daß wir nicht gehen werden.» Am selben Tag, es war Ende 1987 und ich war 35, fiel ich vom zweiten Stock meines Hausbaus, brach mir die Rippen, vor allem aber das Becken und ein Schulterblatt. Der Beckenbruch war so schlimm, daß der Orthopäde sagte, nach der Operation würden schwere Schäden zurückbleiben, da alles versplittert wäre. Während der Operation ereignete sich aber ein Wunder: Einer der Chirurgen zog an einer Membrane und alle Splitter haben sich zu einer Gelenkkapsel geordnet! Ich blieb einen Monat im Krankenhaus und genoß es sehr. Ich malte und las viel, lief dann einige Zeit auf Krücken und nach einem Monat konnte ich wieder arbeiten.

Endlich hatte ich eine «höhere Erlaubnis» bekommen, aufzuhören zu arbeiten. Meine Freunde und Patienten waren rührend in dieser Zeit und ich bemerkte, wie beliebt ich war, was mir vorher nie zum Bewußtsein gekommen war. Ich hatte meinen Platz und meine Anerkennung als anthroposophischer Arzt gefunden. Die Krankheit meiner Frau (Reto Colitis Ulcerativa) hatte ein Jahr vorher begonnen (1986, siehe Biographie 3). Der auslösende Faktor war wohl die Drohung einer Scheidung gewesen. Ihr Zustand verschlimmerte sich nach dem Tod ihrer Mutter im Jahr 1989. Es folgten Jahre, in denen sich alles um sie drehte. Sie war das Zentrum der Aufmerksamkeit der ganzen Familie, aber besonders meiner, da die Kinder alles mit mehr Distanz wahrnahmen. Ich reiste nicht mehr und kaufte keine neuen Kleider mehr, aber nicht aus einem Schuldbewußtsein heraus, denn ich fühlte mich nicht schuldig, sondern aus Liebe und Verantwortung ihr gegenüber.

Meine Frau versuchte es mit verschiedenen Therapien, es ging ihr immer schlechter, bis sie sich dann zu einer Operation bereit erklärte. Ich ging ganz in der Arbeit auf. Es waren sehr fruchtbare Arbeitsjahre. Als ich den Anruf erhielt, meiner Frau ginge es schlecht, sie habe einen Herzstillstand erlitten, nahm ich meinen Wagen und fuhr ins Krankenhaus; es war früh am Morgen, auf dem Weg war Nebel, durchbrochen von den ersten Sonnenstrahlen. Ich spürte eine große Erleichterung. Als ich im Krankenhaus ankam, wurde ich mit der Realität konfrontiert: Eine im Koma liegende Ehefrau, ein erschütternder Anblick; ich aber war froh und erleichtert, daß sie nicht gestorben war, war doch noch so vieles unvollendet; sie überlebte.

Meine Frau wurde verschiedene Male ins Krankenhaus eingeliefert; sie war lang abwesend. Die Haushaltführung fiel mir leicht, ebenso, danach zu sehen, daß die Kinder zu ihren Rechten kamen. In der Tobias Klinik ging die Arbeit relativ gut; es war eine kreative Zeit, die etwa 3-4 Jahre währte. Ich hatte stets die Übersicht, auch von der administrativ-ökonomischen Seite her. Nach dem Austritt des Verwalters übernahm ich sogar eine Zeit lang die Verwaltung der Klinik, bis Intrigen, Eifersüchte usw. gleichzeitig mit der wirtschaftlichen Krise des Landes zusammentrafen. Ich fühlte mich in meinem Innern und meinen Fähigkeiten nicht erkannt, die Gruppe als Gruppe zersplitterte mehr und mehr, alle folgten nur ihren persönlichen Interessen, bis schließlich die stationäre Abteilung der Klinik als solche im Februar 1993 geschlossen wurde. Das war mir sehr schmerzlich. Es war nämlich eine besondere Gruppe gewesen, die viel Potential besaß und die für den Bau eines Krankenhauses bereits Pläne gefaßt hatte.

Heute erkenne ich, daß ich vielleicht hätte bescheidener sein müssen und mit noch mehr Geduld auf die anderen hätte eingehen sollen. Ein Jahr lang ging es mir sehr schlecht, ich verlor 15 Kilo Gewicht, bis ich mich langsam wieder fing und in der Tobias Klinik meine eigene Praxis aufbaute. Ein neuer Verselbständigungs- oder Individualisierungsprozeß hatte stattgefunden. Jetzt ging es nicht um die Unabhängigkeit von meiner Frau, sondern um die Unabhängigkeit von einer Gruppe. Ich habe meine Fähigkeiten entdeckt, alleine etwas aufzubauen. Daß dies aber nicht innerhalb der Gruppe gelingen konnte, ist noch immer eine Frustration für mich und sehr schade für die anthroposophische Medizin, die hier in Brasilien bis heute kein Krankenhaus hat.

Nach der Operation meiner Frau, ihrer Rekonvaleszenz, dem Beginn ihrer Arbeit als Gartenarchitektin und dem Auseinandergehen der Klinik-Gruppe verreiste ich in Ferien. Meine Frau beschuldigte mich weiterhin, auch vor den Kindern, daß ich die Ehe gebrochen hätte. Ihren «Fehltritt» habe sie nur als Folge des meinigen gemacht; es war für mich sehr schwer, dies zu ertragen. In den Ferien traf ich eine andere Frau. Vor vier Jahren zog ich von zu Hause aus, wohnte eine Zeit lang alleine, dann mit dieser Frau zusammen. Es war mir aber nicht klar, ob ich meine Frau verlieren wollte oder nicht. In dieser Zeit begann meine Frau eine Freundschaft mit einem Krebskranken, der öfters drohte, sich das Leben zu nehmen. Mit diesem Mann war sie 1½ Jahre zusammen. Ich aber habe mich nie von meiner Frau getrennt gefühlt. Als sie mir den Vorschlag machte, doch wieder zusammenzuziehen, löste ich meine neue Beziehung wieder auf. Wir wollten ein Wochenende am Meer verbringen. Meine Frau brachte es aber nicht fertig, sich aus dieser Freundschaft zu lösen. So fuhr ich alleine in das Wochenende, total deprimiert, mit dem Gedanken daran, das Auto den Berg hinunterrollen zu lassen und mir das Leben zu nehmen. Als ich in den Ort in der Nähe des Hotels kam, hielt mich eine Frau an und bat, mitgenommen zu werden. Als ich sie fragte, wohin sie wolle, antwortete sie: Irgenwohin – da setzte ich sie an der nächsten Strassenecke wieder ab. Ich fühlte mich vollkommen befreit und gut, in meinen Phantasien baute ich ein neues schönes Haus auf.

Wir lebten dann getrennt und ich schlug die Scheidung vor. Sie besucht jedoch zur Zeit eine Partnerschaftsberatung. Ein erneuter Versuch, gemeinsam unter einem Dach zu wohnen, ist wieder gescheitert. Jetzt wohne ich vorübergehend bei meinen Eltern. Mein Vater ist 80 und meine Mutter 77 Jahre alt. Ich hätte nicht gedacht, daß wir so gut miteinander auskämen. Im Grunde genommen ist die Situation jedoch auch für mich noch ungeklärt.»

Schauen wir uns die Metamorphosen dieses Lebenslaufes an:

Das erste Jahrsiebt ist durch Natur- und Farmerlebnisse geprägt und ist voller Phantasie. Eine gesunde Kindheit.

Zweites Jahrsiebt: Hier haben wir die Faulheit einerseits, die Intelligenz andererseits, die Haltung: «Ich brauche mich nicht anzustrengen, um etwas zu erreichen.»

14 Jahre: Entschluß zum Medizinstudium.

Drittes Jahrsiebt: Berufsgewißheit und die Suche nach der weiblichen Ergänzung.

Viertes Jahrsiebt: Familiengründung, Horizonterweiterung (die Reise nach England) und Spiritualität.

28 Jahre: Rückkehr nach Brasilien und Übernahme der Berufsverantwortung (auch hier sticht das 28. Lebensjahr hervor, wie im vorigen Kapitel beschrieben).

Fünftes Jahrsiebt: Individualisierungsprozeß, Finden des karmischen Ortes.

35 Jahre: Unfall, Knochenbrüche.

Sechstes Jahrsiebt: karmische Verwirklichung. Die Gruppe in der Klinik und die Entfaltung der medizinischen und administrativen Fähigkeiten.

42 Jahre: Das Scheitern der Gruppe; Neuorientierung.

Siebtes Jahrsiebt: Innere Befreiung durch das Erlebnis des Schmerzes; Individualisierungsprozeß gegenüber der Gruppe. Als eine wichtige Aufgabe erscheint ihm, sich selbst seine Grenzen, seine Werte, seine Anschauungen sichtbar zu machen.

Seine Frau ist durch schwere Erlebnisse gegangen, hat sich auf diesem Weg von ihrem jüdischen Glauben gelöst und sich von innen heraus dem Christentum, das ihr verschiedene Christus-Erlebnisse beschert hatte, zugewandt. Sie hatte geistige Erlebnisse, an denen er nicht teilnehmen konnte und die sie nicht missen möchte. Sie setzt sich immer wieder Grenzensituationen aus, beispielsweise in Bezug auf die Arbeit, die für ihren physischen Zustand zu schwer war. Aber auch in ihren Beziehungen. Sie lebt, als wäre sie in der Höhenluft eines Berges; es ist nicht zum Aushalten, man muß wieder herab und auf einer für Menschen erträglichen Ebene leben, denn auf dieser steht ihr Mann. Gelingt ihr das?

Für ihn ist die Anthroposophie etwas von dem, was er schon in sich hat, eigentlich nichts Neues – wie er selber sagt. Sie ist etwas, was von außen an ihn herankommt, das er aber mit etwas identifiziert, was er bereits in sich trägt. Er geht einen anderen Weg als seine Frau, um zu dem Christlichen zu kommen. Er ist ein königlicher Jupitertyp, besitzt auch Mondqualität und natürlich Mars- und Sonnenqualitäten. Das medizinische Wirken, die Praxis ist dabei das Merkuriale und gibt ihm den Ausgleich für den starken Jupitereinfluß. Sein Weg ist es, Bescheidenheit und Toleranz zu üben (über Planetenqualitäten, siehe Kapitel XI).

Auch sie muß eine gewisse geistige Arroganz überwinden, die jedoch gänzlich anders ist als die seine. Sie besitzt starke Saturnqualitäten, die sich in Sterbe- und Auferstehungserlebnissen offenbaren, jedoch durch ihren ausgeprägten Venustyp ausgeglichen werden. Sie pflegt ihre Mondseiten in der Gärtnerei und in ihrer Hingabe an die Pflanzen auch als Ausgleich zu den Saturnkräften.

Für beide ist es wohl nötig und möglich, durch das Verzeihen wieder zueinanderzukommen, verheiratet oder nicht, das muß offenbleiben. Dafür ist bei ihr der Weg zu der Einsicht nötig, daß ihre Schuld ebenso schwer wiegt wie die seine. Nach meinen Erfahrungen verschlimmern sich Ehekrisen, die mit «Untreue» zu tun haben, wenn der andere sich rächt, indem er ebenfalls fremd geht, oder, im herkömmlichen Sinn, auch untreu wird. Solange es einer von beiden aushält, die Fehler des anderen anzuschauen, ohne es ihm nachzumachen, ist es viel leichter, wieder zueinander zu finden.

Die große Frage heute lautet: Können wir einem anderen Menschen wirklich verzeihen? Wenn ja, so kann der Sonnenstrom der Liebe wieder frei fließen, die Seele wieder frei atmen und gesundend auf den Leib wirken.

IV. Das Leben geht weiter – Metamorphosen durch die Jahrsiebte

Es ist wichtig, in den Biographien außer den Spiegelungen verschiedenster Art die Metamorphosen anzuschauen. Wir können uns darin üben, indem wir Metamorphosen im Pflanzenleben beobachten. Eine goetheanistische Vorgehensweise kann uns hierbei sehr behilflich sein, denn auch in der Anschauung der Jahrsiebte können wir auf goetheanistische Weise vorgehen. Bei der Pflanze ist die Metamorphose entlang des Stengels sichtbar. Gehen wir den Stengel aufwärts, ändert sich die Blattform fortwährend. Gleichzeitig ist zu beobachten, daß die Grundform dabei bestehen bleibt. Dieses zu zeichnen schärft die Beobachtungsgabe und ist eine gute Übung. Es kommt dann der Moment, wo die Pflanze zum Blühen kommt. Nun wandeln sich die Blätter in Kelchblätter und schließlich in Blütenblätter und Staubgefäße. Dann entsteht der Fruchtboden, die Frucht und der Samen. Alles dies ist ein Geschehen in der Zeit.

An dieser Stelle sei zur Illustration das Gedicht «Die Metamorphose der Pflanze» von Johann Wolfgang von Goethe zitiert:

Dich verwirret, Geliebte, die tausendfältige Mischung
Dieses Blumengewühls über dem Garten umher;
Viele Namen hörest du an, und immer verdränget
Mit barbarischem Klang einer den andern im Ohr.
Alle Gestalten sind ähnlich, und keine gleichet der andern;
Und so deutet das Chor auf ein geheimes Gesetz,
Auf ein heiliges Rätsel. O könnt' ich dir, liebliche Freundin,
Überliefern sogleich glücklich das lösende Wort!
Werdend betrachte sie nun, wie nach und nach sich die Pflanze,
Stufenweise geführt, bildet zu Blüten und Frucht.
Aus dem Samen entwickelt sie sich, sobald ihn der Erde
Stille befruchtender Schoß hold in das Leben entläßt,

Und dem Reize des Lichts, des heiligen, ewig bewegten,
Gleich den zärtesten Bau keimender Blätter empfiehlt.
Einfach schlief in dem Samen die Kraft; ein beginnendes Vorbild
Lag, verschlossen in sich, unter die Hülle gebeugt,
Blatt und Wurzel und Keim, nur halb geformet und farblos;
Trocken erhält so der Kern ruhiges Leben bewahrt,
Quillet strebend empor, sich milder Feuchte vertrauend,
Und erhebet sich sogleich aus der umgebenden Nacht.
Aber einfach bleibt die Gestalt der ersten Erscheinung;
Und so bezeichnet sich auch unter den Pflanzen das Kind.
Gleich darauf ein folgender Trieb, sich erhebend, erneuet,
Knoten auf Knoten getürmt, immer das erste Gebild.
Zwar nicht immer das gleiche; denn mannigfaltig erzeugt sich,
Ausgebildet, du siehst's, immer das folgende Blatt,
Ausgedehnter, gekerbter, getrennter in Spitzen und Teile,
Die verwachsen vorher ruhten im untern Organ.
Und so erreicht es zuerst die höchst bestimmte Vollendung,
Die bei manchem Geschlecht dich zum Erstaunen bewegt.
Viel gerippt und gezackt, auf mastig strotzender Fläche,
Scheinet die Fülle des Triebs frei und unendlich zu sein.
Doch hier hält die Natur, mit mächtigen Händen, die Bildung
An und lenket sie sanft in das Vollkommnere hin.
Mäßiger leitet sie nun den Saft, verengt die Gefäße,
Und gleich zeigt die Gestalt zärtere Wirkungen an.
Stille zieht sich der Trieb der strebenden Ränder zurücke,
Und die Rippe des Stiehls bildet sich völliger aus.
Blattlos aber und schnell erhebt sich der zärtere Stengel,
Und ein Wundergebild zieht den Betrachtenden an.
Rings im Kreise stellet sich nun, gezählet und ohne
Zahl, das kleinere Blatt neben dem ähnlichen hin.
Um die Achse gedrängt, entscheidet der bergende Kelch sich,
Der zur höchsten Gestalt farbige Kronen entläßt.
Also prangt die Natur in hoher, voller Erscheinung,
Und sie zeiget, gereiht, Glieder an Glieder gestuft.
Immer staunst du aufs neue, sobald sich am Stengel die Blume

Über dem schlangen Gerüst wechselnder Blätter bewegt.
Aber die Herrlichkeit wird des neuen Schaffens Verkündung;
Ja, das farbige Blatt fühlet die göttliche Hand,
Und zusammen zieht es sich schnell; die zärtesten Formen,
Zwiefach streben sie vor, sich zu vereinen bestimmt.
Traulich stehen sie nun, die holden Paare, beisammen,
Zahlreich ordnen sie sich um den geweihten Altar.
Hymen schwebet herbei, und herrliche Düfte, gewaltig,
Strömen süßen Geruch, alles belebend, umher.
Nun vereinzelt schwellen sogleich unzählige Keime,
Hold in den Mutterschoß schwellender Früchte gehüllt.
Und hier schließt die Natur den Ring der ewigen Kräfte;
Doch ein neuer sogleich fasset den vorigen an,
Daß die Kette sich fort durch alle Zeiten verlänge
Und das Ganze belebt, so wie das Einzelne, sei.
Wende nun, o Geliebte, den Blick zum bunten Gewimmel,
Das verwirrend nicht mehr sich vor dem Geiste bewegt.
Jede Pflanze verkündet dir nun die ew'gen Gesetze,
Jede Blume, sie spricht lauter und lauter mit dir.
Aber entzifferst du hier der Göttin heilige Lettern,
Überall siehst du sie dann, auch in verändertem Zug.
Kriechend zaudre die Raupe, der Schmetterling eile geschäftig,
Bildsam ändre der Mensch selbst die bestimmte Gestalt.
O, gedenke denn auch, wie aus dem Keim der Bekanntschaft
Nach nd nach in uns holde Gewohnheit entsproß,
Freundschaft sich mit Macht aus unserem Innern enthüllte,
Und wie Amor zuletzt Blüten und Früchte gezeugt.
Denke, wie mannigfach bald die, bald jene Gestalten,
Still entfaltend, Natur unseren Gefühlen geliehn!
Freue dich auch des heutigen Tags! Die heilige Liebe
Strebt zu der höchsten Frucht gleicher Gesinnungen auf,
Gleicher Ansicht der Dinge, damit in harmonischem Anschaun
Sich verbinde das Paar, finde die höhere Welt.[8]

Auch in der Biographie können wir diesen Prozeß der Metamorphose beobachten. Ein gutes Hifsmittel dabei ist, die Hauptcharakteristika eines Jahrsiebts herauszuschreiben, so wie das anhand der Biographien 4 und 5 aus dem Buch «Das Leben in die Hand nehmen» im Folgenden vorgeführt wird.

Man kann zu diesem Zweck auch versuchen, jedes Jahrsiebt mit einem einzigen Wort zu charakterisieren. Es ist erstaunlich, zu welchen Ergebnissen man dabei kommt, zeigt sich doch plötzlich etwas von der Gesamtheit, der Essenz dieser Biographie.

Wie geht nun das im ersten Buch in Biographie 4 geschilderte Leben weiter? Marina ist heute 45 Jahre alt; anhand der Schemata auf den Seiten 56 ff sehen wir in Kürze auch ihren bisherigen Lebenslauf, wie er im ersten Buch skizziert wurde.

Nach dem 36. Lebensjahr fand ja eine Selbstfindung statt.

Dann kommt ihre Mutter für drei Jahre nach Brasilien; sie selbst lebt zwischen den USA und Brasilien. Sie muß sich wieder gegen die Mutter wehren, daß diese nicht ihre Grenzen überschreitet. Aus Marinas Sicht tritt ein immer größeres Leeregefühl auf. Sie widmet sich ganz der Erziehung ihrer Kinder. Nach dem 9. Lebensjahr festigt sich die Gesundheit des Sohnes, so daß er keine intensive Behandlung mehr benötigt. Marina denkt an ein Psychologiestudium an der Universität. Vorher wird sie jedoch wegen allgemeiner Unterernährung für eine Woche in die Intensivstation eines Krankenhauses eingeliefert. Jetzt möchte sie ihr eigenes Leben in die Hand nehmen, es selber gestalten. Sie spürt, daß sie ihren Mann nicht mehr liebt und will sich von ihm trennen. Beruflich und finanziell tut sich ihr Mann schwer im Leben, und diese Belastungen haben natürlich auch die sexuelle Beziehung nicht verbessert. Mit 39 trennt sie sich von ihrem Mann und beginnt das Psychologiestudium. Mit ihrem Mann bleibt sie weiterhin freundschaftlich verbunden, desgleichen pflegt sie die guten Kontakte mit ihren Schwiegereltern. Damit bessert sich das gegenseitige Verhältnis erheblich.

Zur Finanzierung des Studiums erhält sie Unterstützung von ihrer Mutter, mit der sie sich inzwischen versöhnt hat. Ihr Mann zieht aus.

Nach einem Jahr lernt Marina einen fünf Jahre älteren Mann kennen. Er ist Däne, sehr verantwortungsbewußt und zuverlässig, und sie fühlt sich von ihm angezogen. Dennoch behält jeder seinen eignenen Haushalt. Er selber war schon zweimal verheiratet und hat zwei große Söhne.

Nach dreijährigem Studium merkt Marina, daß es finanziell so nicht weitergehen kann. Deshalb beginnt sie, in der Firma ihres neuen Ehemannes zu arbeiten. Die Firma importiert Ware für den zahnärztlichen Bereich und macht guten Umsatz. Marina hat viel Freude an ihrer Arbeit, auch ihr Intimleben ist zufriedenstellend. Sie hat entdeckt, daß sie in ihren Beziehungen zu Männern viel ändern muß. Ihr Studium – es fehlen noch zwei Jahre – möchte sie irgendwann einmal beenden. Sie ist mit sich zufrieden. Wegen ihrer Diabetes ist sie weiterhin insulinabhängig. Ihr Zustand hat sich aber im Laufe der Jahre nicht verschlechtert.

Betrachten wir nun Marinas ganze Biographie, gespiegelt um das 21. Lebensjahr:
Biographie 4 , Spiegelung um die Achse des 21. Jahres

			42	Arbeit im Betrieb des Mannes
			41	
Geburt Schwester	2	erste Reise	40	begegnet jetzigem Partner
	3		39	Psychologiestudium, Scheidung
	4	Abstand von	38	große innere Leere
häufige Reisen zu Großeltern	5	der Mutter	37	
nach Dänemark				
Schule	6		36	Selbstfindung
Trennung der Eltern	7	Verlust des Vaters	35	Biographiekurs
erneute Heirat der Mutter	8		34	Boutiqueeröffnung ($1\,^1/_2$ Jahre)
Masern – will weg von zu Hause	9		33	1. Geburtstagsfest
Mutter trinkt	10		32	ohne Medikamente Verschlech-

	12		30	Geburt des Sohnes
wird sich bewußt,	13		29	2.Schwangerschaft
daß die Mutter trinkt				
ein Jahr Internat in Dänemark	14	Verlust der Mutter	28	Liebesaffäre/Versöhnung
				mit Mann
erste platonische Liebe	15		27	Beginn der Theraphie
1. Freund/sexueller Kontakt	16	«Schuldgefühle»	26	Geburt des ersten Kindes
Tod Großeltern in Dänemark	17	Liebes-	25	
2. Freund / Gonorrhöe	18	enttäuschungen	24	Heirat
Studium Touristik an Universität	19		23	
3. Freund – physische	20		22	Freundschaft mit
Aggressionen				späterem Mann
		21		

Wie sieht dieselbe Biographie 4 aus, wenn man sie um das 28. Jahr spiegelt?

Biographie 4, Spiegelung um das 28. Jahr

* in Brasilien	0			
1. Reise	2			
Geburt der Schwester	$2\frac{1}{2}$	(Eifersüchte, Bettnässen, Angstträume)		
des öfteren Ferienreisen zur Großmutter nach		Mandeloperation		
Dänemark	5			
Schule	6			
Trennung der Eltern	7			
Mutter heiratet wieder	8			
	9	Masern / Kontakt zum Vater;		
will weg von zu Hause	10	erneute Ehetrennung der Mutter		
	11		45	
	12		44	
Internat in Dänemark	13	merkt, daß Mutter Alkoholikerin ist	43	beginnt neue Arbeit

[illegible]	[illegible]		42	lernt neuen Partner kennen
erste Liebe	15		41	Verschlechterung Gesundh.
1.Freund/1.sexueller Kontakt	16		40	Beginn Psychologiestudium
Tod der Großeltern in Dänemark	17		39	Trennung v. Ehemann
2.Freund / Gonorrhöe	18		38	große, innere Leere; liebt ihren
Uni-Studium Touristik	19		37	Mann nicht mehr
Reise Dänemark	20		36	Selbstfindung
mit Schwester u. 3.Freund, der sie tätlich angreift	21		35	Biographiekurs
			34	Boutique
Kennenlernen des künftigen Ehemannes	22		33	1. Geburtstagsfest «neue Geburt»
Heirat	24	Versöhnung mit Mutter	32	Verschlechterung der Diabetes
	25	Todesangst	31	
Geburt 1. Tochter	26	Sohn Hypotonie	30	Geburt des Sohnes
Beginn Therapie	27		29	2. Schwangerschaft

28 Liebesaffäre/Versöhnung mit Ehemann

Eine Metamorphose verläuft nicht nur linear, sondern kann sich auch in Spiegelungen von Jahrsiebt zu Jahrsiebt zeigen. Nehmen wir als Beispiel Biographie 4. Das Glücksgefühl darüber, daß die Großeltern da sind aus dem ersten Jahrsiebt verwandelt sich im sechsten Jahrsiebt in die Kraft zur Selbstfindung.

Im zweiten Jahrsiebt ist es wahrscheinlich die Leere, die Marina zu Hause erlebt, das viele Hin und Her zwischen verschiedenen Ländern, das die Krankheit Diabetes, eine Schwäche im Stoffwechselgebiet also, veranlagt, die im 5. Jahrsiebt ausbricht; die vielen seelischen Verletzungen in den Beziehungen des dritten Jahrsiebtes erschweren das gesunde Verhältnis zum Ehepartner im vierten Jahrsiebt.

Im Alter von 28 sehen wir wieder den bereits besprochenen Punkt: Eine neue Verantwortung wird übernommen. Man einigt sich auf eine Fortführung der Ehe.

Versuchen wir nun einmal, die Essenz der Biographie 4 zu erfassen. Wir könnten im Sinne der oben erwähnten Übung den einzelnen Jahrsiebten vielleicht folgende Bezeichungen geben:

1.-7. Jahr:	wie gut, daß die Großeltern da sind! (wenn auch in Dänemark)
7 Jahre:	Verlust des Vaters
7.-14. Jahr:	kein Zuhause – zwischen zwei Ländern
14 Jahre:	Verlust der Mutter
14.-21. Jahr:	Schuldgefühle
21 Jahre:	Liebesenttäuschungen häufen sich
21.-28. Jahr:	Versuch einer traditionellen Ehe
28 Jahre:	Liebesbedürfnis, Versöhnung
28.-35. Jahr:	Familienerweiterung, die Zuckerkrankheit wird zum Lebensbegleiter
35 Jahre:	Versuch der Selbstfindung
35.-42. Jahr:	Selbstfindung.

Die Frage des nächsten Jahrsiebtes lautet: Geht es in Zukunft um innere oder um äußere Werte?

Betrachten wir nun Biographie B. Es handelt sich um den ehemaligen Ehemann der Verfasserin von Biographie 4; heute 48 Jahre alt.

1 Jahr:	Geboren in São Paulo. Hat einen älteren Bruder, eine ältere und zwei jüngere Schwestern. Vater und Mutter sind aus traditionellen brasilianischen Familien mit gutem Namen. – Wächst in São Paulo auf. Viele Ferienaufenthalte am Meer, in den Bergen, auf der Farm des Onkels. Er ist ein verträumtes Kind, das viel alleine spielt.
6 Jahre:	Einschulung. Muß das erste Jahr wiederholen; ist nie ein guter Schüler und schafft es immer gerade noch.
10 Jahre:	Eintritt in das Gymnasium (2. Teil der Vorschule).
11 Jahre:	Reise mit der ganzen Familie samt einem Kindermädchen nach Europa, wo sie sechs Wochen mit dem Auto unterwegs sind. Alles beeindruckt ihn so sehr, daß er sich auf späteren Reisen genau daran erinnern kann. Durch die Reise bedingter Verlust eines Schuljahrs; er kommt dann aber ohne Schwierigkeiten durch die anderen Schuljahre. Die Adoleszenz verläuft ohne große Ereignisse: Mädchenfreundschaften, Tanzlokale, am Wochenende am Meer mit Yacht und Fischerei. Von 17 bis 21 hat er eine feste Freundschaft mit einem Mädchen, das er sehr liebt. – Beruflich unentschlossen.
18 Jahre:	Für zwei Jahre Besuch der Ingenieurs-Hochschule, die ihn nicht interessiert.
20 Jahre:	Da die Familie im Besitz einer großen Versicherungsgesellschaft ist, tritt er in dieses Unternehmen ein.
23 Jahre:	Er wird zum Manager des Bankbetriebs dieser Versicherungsgesellschaft ernannt, was eine ganz große Herausforderung ist, die ihm Spaß und Freude bereitet. Im gleichen Jahr stirbt sein Großvater, der Gründer der Firma. Da er denselben Namen wie dieser hat, fühlt er eine große Verantwortung für das Familienunternehmen.
25 Jahre:	Wird vor die Tatsache gestellt, daß die Bank verkauft

ist, und er nun nur als Versicherungsfachmann tätig sein kann, da die Familie weiterhin im Besitz des Versicherungsbetriebes bleibt. Aber ein Jahr später wird auch dieser verkauft. Jetzt entschließt er sich, eine eigene Versicherungsfirma zu gründen, die er bis zu seinem 44. Lebensjahr führt. Mit 25 jedoch fühlt er sich sehr verunsichert durch die Aufgabe, Kunden aufsuchen, selber Versicherungen verkaufen und ein neues Büro aufbauen zu müssen. Nach Beendigung der Freundschaft mit 21 hatte er viele andere Beziehungen, bis er mit 26 Marina (Biographie 4) kennenlernt. Es entsteht eine intime Freundschaft, die auch sexuell befriedigend ist.

28 Jahre: Eheschließung mit Marina. Finanziell ist es eine schwierige Zeit.

30 Jahre: Geburt der Tochter.

33 Jahre: Geburt des Sohnes, der mit einer Muskelschwäche (Hypotonie) auf die Welt kommt, die dann bei seiner Frau sechs Monate später die Diabetes-Krankheit auslöst. Seit der Heirat ist seine Frau sexuell desinteressiert, auch fühlt sie sich von der Familie ihres Mannes nicht als ebenbürtig angenommen.

In dieser Zeit kauft sich das Ehepaar ein großes Anwesen an einem See. Das Anwesen verschlingt das vorhandene Geld. Hinzu kommt, daß er zusammen mit seinem Bruder Wechsel unterschrieben hatte, die sie nun nicht zahlen können. So verlieren sie beide vor der Familie das Gesicht. Nach sechs Jahren intensiver therapeutischer Behandlung bessert sich der Zustand des Sohnes; der Vater sieht ihn als gesundes, normales Kind an, während die Mutter noch drei weitere Jahre alle ihre Kraft in die Pflege des Kindes setzt. Die eheliche Beziehung verbessert sich nicht. Er geht einige Male fremd. Mit 38 hofft er immer noch, seine Ehe retten zu können und läßt eine Vasektomie (chirurgische Sterilisation) vornehmen, da seine Frau wegen der Diabetes keine weiteren Kinder haben kann. Auch beginnen beide mit einer Psychotherapie. Die eheliche Beziehung bessert sich dennoch nicht. Als er 43 ist, entscheiden sich beide für eine Trennung. Er überläßt das Haus seiner Frau und den Kindern und entschließt sich, zu den Eltern zu ziehen, wo er bis heute wohnt.

Vor einem Jahr starb der Vater mit 78 Jahren; seine Mutter ist heute 77 und noch sehr rüstig.

Sechs Monate nach seiner Trennung geht er eine neue Beziehung mit einer Frau ein, die er sehr liebt. Sie will aber weder seine Eltern noch seine Familie kennenlernen. Dennoch hält die Freundschaft sechs Jahre. Vor etwa einem halben Jahr ging sie zu Ende. Seine Freundin hatte zufällig denselben Namen wie seine Ex-Frau.

Mit 44 gibt er seine Versicherungsgesellschaft auf. Seitdem arbeitet er als Versicherungskaufmann in einer großen Firma. Es ist für ihn als ehemaligen Unternehmer nicht leicht, nunmehr als Angestellter zu fungieren, aber nach kurzer Zeit merkt er, daß er dort besser verdienen und somit die ehemalige Ehefrau und die Kinder unterstützen kann. Seit kurzem hat er eine neue, feste Freundschaft, von der er hofft, daß diese jetzt zu einer guten Wendung führt. Gegenüber der Verantwortung hinsichtlich des traditionellen Familiennamens fühlt er sich heutzutage freier. Zu seiner ersten Frau unterhält er eine gute Beziehung und äußert: «Ich freue mich, daß sie einen geeigneten Partner gefunden hat.»

Versuchen wir auch hier, die Essenz der einzelnen Jahrsiebte zu finden:

1. – 7. Jahr: Man kann wohl sagen, daß er in einer goldenen Wiege geboren ist

7. -14. Jahr: Das Familienleben wird gepflegt, die Kinder bekommen nur das Beste.

14.-21. Jahr: Berufliche Unentschiedenheit; Suche nach der weiblichen Ergänzung.

21.-28. Jahr: Der Familienbetrieb ermöglicht ihm den beruflichen Fortschritt. Am Ende des Jahrsiebts übernimmt er eigene Verantwortungen; eigener Betrieb, Heirat.

28.-35. Jahr: Gründung der eigenen Familie, Bemühung um die Beziehung.

35.-42. Jahr: Die Bemühungen um die Beziehung in der Ehe gehen weiter.

42.-49. Jahr: Entschluß zur Trennung; Entschluß den eigenen Betrieb aufzugeben. Die Befreiung von Tradition, Eltern usw. hat er noch nicht geschafft; wohl aber gelingt ihm ein Schritt der Demut, indem er lernt, als Angestellter zu arbeiten. Der Frau gegenüber hat er seine Freude daran, daß es ihr gut geht.

Biographie 5 haben wir auch schon in «Das Leben in die Hand nehmen» behandelt. Bevor wir schauen, wie sich dieses Leben weiterentwickelt hat, eine kurze Zusammenfassung aus dem ersten Buch:

Es geht um einen Holländer. Als er 14 Jahre alt ist, wandern seine Eltern mit den Kindern (Vater Landwirt, elf Geschwister) nach Brasilien aus. Er ist der dritte Sohn und hat als solcher große Schwierigkeiten, sich gegen seinen Vater und die beiden älteren Brüder durchzusetzen. Das ist fast typisch für die Lage des dritten Sohnes. Er sucht neue Werte im Leben; zur Erlangung der inneren Freiheit muß er kämpfen und leiden. Im Alter von 42 Jahren erträgt er das traditionelle Familienleben, den familiären Betrieb und die eigene Ehe nicht länger. Immer stärker drängen sich im Jahrsiebt von 42 bis 49 neue Ansichten, neue Werte auf. Die große Agrarfarm, bzw. die zahlreichen katholisch-holländischen Ansiedler und Klein-Bauern schließen sich teilweise zu einer Genossenschaft zusammen und möchten sogar eine eigene Stadt gründen. Unser Protagonist setzt sich intensiv und erfolgreich für diese Gründung ein. Es erfolgt eine öffentliche, offizielle Anerkennung. Inzwischen ist er 44 Jahre alt geworden. Es ist, als hätten die äußeren Kämpfe die inneren Kräfte und die innere Freiheit, die er so gesucht hatte, freigesetzt.

Mit 49 Jahren steht seine Silberhochzeit bevor und er weiß, daß er diese nicht feiern will. Der strenge Verzicht auf eine Freundschaft mit einer Frau, die sich etwa ein dreiviertel Jahr hingezogen hatte, hat die Beziehung zu seiner Frau nicht gebessert. Seine ganzen Bestrebungen sind in Form von Kursen und Lektüre auf die weitere Erforschung der Anthroposophie gerichtet, mit der er durch die NPI-Betriebsberatung in Kontakt gekommen ist. Die Teilnahme an Biographiekursen verstärkt dieses Interesse. – Die Erziehung der Kinder ist eine ständige Streitfrage und es drängt sich ihm die Frage auf: «Was bindet mich an diese Ehe?» Die Antwort lautet für ihn: «Im Falle einer Trennung würden die Kinder, die Adoptivkinder sind, noch einmal ihre Eltern verlieren.» Dennoch werden die Kinder stark in Mitleidenschaft gezogen und verlangen gewissermaßen klare Entschlüsse. Mit 48 entschließt er sich endlich zur Scheidung.

Inzwischen sind 6-7 Jahre seit dem Verzicht auf die Freundschaft verstrichen, und er beschließt, den Kontakt zu jener Frau wieder aufzunehmen. So findet eine neue, intensive Begegnung statt, die zu einer tiefen Bindung führt. Ein Jahr später, zu diesem Zeitpunkt ist er 50, heiraten sie. Der ältere Bruder akzeptiert dies nicht und versucht, die Heirat zu verhindern. Ab diesem Zeitpunkt häufen sich die Differenzen zwischen den beiden Brüdern in dem familiären Betrieb, zumal auch die Ex-Ehefrau als Beraterin (es sind insgesamt vier Berater) tätig ist. Schließlich kommt es zur entscheidenden, endgültigen Trennung. Er gibt den Direktionsposten im Familienbetrieb, einer großen Blumenzüchterei, ab und möchte nunmehr auch als Partner aus dem Unternehmen ausscheiden.

Seit einiger Zeit ist es sein Wunsch, die mit 14 Jahren abgebrochene Ausbildung als Techniker wieder aufzunehmen, bzw. ein Studium zu beginnen, das seinen spirituellen und menschlichen Entwicklungsimpulsen entspricht. Vielleicht als Betriebs- oder Personalberater? Er entdeckt, daß er bisher immer das gemacht hat, was die anderen von ihm wollten, und nun ist er endlich so weit, das zu tun, was er selber möchte.

Seine Kinder sind inzwischen selbständig geworden. Der älteste Sohn, der noch bei ihm wohnt, studiert; die Tochter hat bereits ein Kind und der Jüngste, der 18 Jahre alt ist, möchte zum Studium nach Holland.

Um einen Überblick zu gewinnen, sehen wir uns nun einmal die Spiegelungen um das Alter von 31 Jahren in dieser Biographie an: Wenn wir die verschiedenen Metamorphosen durch die Jahrsiebte hindurch betrachten, können wir folgendes festhalten:

Zusammenfassung der Biographie 5 und Spiegelung um die Achse von 31 ½ Jahren, die uns hilft, einen Überblick zu gewinnen. Ereignisse und Tatsachen sind in den beiden äußeren Feldern aufgelistet; Gefühle und Krankheiten im Mittelfeld.

Geburt in Holland;	0		63	
3. Kind von 11 Kindern	1	Keuchhusten		
	2	Masern, Röteln		
	3			
Kindergarten	4	Brüder lassen ihn zurück, fühlt sich verlassen		
	5			
Hausumzug	6			
Schule + Privatunter.	7		56	
Feldarbeiten	8			
Mutter operiert, drei Wochen von zu Hause fort	9½	fühlt sich verlassen		
	10		52	zieht sich aus Firma zurück
	11		51	distanziert sich von Geschäftsbesprechungen
Elektrikerausbildung,	12	fühlt sich von Eltern + *fühlt*		
15 km zur Schule radeln	13	Brüdern nicht akzeptiert; *sich* verliert Schulfreunde *ausgeschieden*	50	Hochzeit mit 2. Frau
Auswanderung nach Brasilien	14	leidet unter Hitze,	49	Wiederbegegnung mit Freundin
	15	Hepatitis	48	Ehescheidung
	16		47	
	17	Vergiftung durch Pflanzen-	46	

1. Ehe-frau; Jugend unter-nimmt viele Ausflüge	18		45	
verspätet sich; durch Vater angeregt, ver-lachen ihn Brüder; Firmengründung	19	Ungerechtigkeit	44	Bestrebungen der Emanzipation und der Stadtgründung
Heirat älteren Bruders	20	Vaters «Lieblingskind» heiratet	43	bleibt bei 1. Ehefrau
	21	Ungerechtigkeit wegen Bezahlung Produktion	42	2. Biographiekurs / Kennenlernen Freundin (künftige 2. Ehefrau)
	22	Familienumzug, bleibt freiwillig alleine zurück	41	1. Biographiekurs
	23		40	Rückzug d. Vaters aus Firma; ältester Bruder wird Präsident
Seine Hochzeit;	24	Streit mit Vater	39	
Vaters Ambition, größter Blumen-	25		38	Kurse anthropos. Firmenberatg.
züchter zu werden, ein Schwager	26	ruhiger	37	durch NPI-Firmenerweiterung
kommt mit in die Firma	27		36	Schwierigkeiten in der Firma
1. Adoption Liebe auf den 1. Blick	28	Operation: Melanom-Erkrankung	35	
	29		34	
2. Adoption	30		33	zur Überbrückung Ehezwist: 3. Adoption
	31		32	Eheschwierigkeiten
		31 1/2 verliebt sich in Sekretärin		

1. Glückliche Kindheit, mit 4 Jahren aber erste Gefühl der Verlassenheit; die Mutter hat wenig Zeit für die Kinder;
2. Verlassenheit, weil er las er 9 Jahre ist ohne die Familie allein wohnen muß; erste platonische Liebe;
3. Ungerechtigkeit; Brüder werden bevorzugt, fühlt sich zurückgesetzt; Bestrafung wegen Verspätung; Geständnis des Vaters bei der Hochzeit des Bruders;
4. Entfaltung bei der Arbeit; unterstellt dem Vater die Ambition, größter Blumenzüchter werden zu wollen.
5. Eigene Familie blüht auf; Adoption von drei Kindern; erste Ehekrise; Bau eines eigenen Hauses.
6. Umstrukturierung der Firma: Vater zieht sich zurück. Nachfolger wird der älteste Bruder; Eheschwierigkeiten; Suche nach neuen Ziele, neuen Werten; internationale Reisen und Kontakte; innere Umstrukturierung seiner selbst.
7. Kampf um die Freiheit; Emanzipation der Stadt. Eigene Emanzipation, die dann zur Scheidung führt; es folgen neue Begegnungen. Er kommt immer mehr zu sich selbst;
8. Selbstwerdung; erneute Heirat; Emanzipation steigert sich, Loslösung vom Familienunternehmen. Wiederaufnahme bzw. Nachholen des im 3. Jahrsiebt abgebrochenen Studiums.

Greifen wir nochmals auf Biographie 1 (S. 22 ff.) zurück und schauen uns ihre Metamorphosen an. Wenn wir versuchen, von diesen Gesichtspunkten aus die Jahrsiebte der Biographie 1 zu benennen, würden wir vielleicht folgende Bezeichnungen finden (sicherlich gibt es auch andere Möglichkeiten):

1. Verlust der Heimat und Rückkehr in die Heimat
2. neuer Auslandsversuch, nunmehr kompromißbereit gegenüber dem neuen Land.
3. Berufsausbildung; sich dem Leben stellen, Sehnsucht stillen
4. «Bündnis»
5. Sinn der Aufgabe wird sichtbar

6. Erweiterung des Lebensbildes durch Anthroposophie – neue Werte
7. Verabschiedung
8. Aufbau des Geschäftslebens – «Ich werde Unternehmerin»
9. Verausgabung, Verlust der geistigen Welt
10. Versuch, die geistigen Werte beizubehalten
11. Scheitern – Depression.

Das Charakteristische der Metamorphosen ist, daß sich immer eine Phase in die andere verwandelt, jeweils auf einer anderen Stufe. Die Benennung der Phasen ist ein Hilfsgriff, um leichter zum Überblick zu gelangen.

Es lernet im Leben
Die Seele zu denken,
Sie denkt dann die Wesen
Die bilden das Sinnessein;
Doch fühlet sie ruhig
Sich selber erkraftet,
So lernt sie sich sicher
Nicht denkend nur kennen;
Gedacht auch weiß sie
Im Weltall sich dann –
Von Göttern gedacht.

Rudolf Steiner[9]

V. Karmische Forderung, karmischer Ort und karmische Erfüllung

Im Karmavortrag vom 18. 05. 1924 in Band 2 der Karmavorträge geht es Rudolf Steiner um einige wichtige Gesichtspunkte der Biographie.[10]

Nach der Beschreibung der verschiedenen Planetensphären und der geistigen Wesenheiten, die in jeder dieser Sphären tätig sind, prägt er drei Begriffe, die uns in der Biographiearbeit sehr hilfreich sein können.

Der erste Begriff ist der der *karmischen Forderung.* Die karmische Forderung umfaßt alles, was du in deinem Karma als Anlage und Bedingungen mitbringst. Sie umfaßt ebenso die Begebenheiten, die du hier auf Erden antriffst, wenn du zu einer neuen Inkarnation auf die Welt kommst. Ein Beispiel ist die physische Konstitution; es ist ein Unterschied, ob du dich als Frau oder als Mann inkarnierst; das Temperament gehört ebenso zu den gegebenen Anlagen wie deine planetarisch bestimmte Seelenhaltung, also die inneren Aspekte deiner Persönlichkeit; weitere Bedingungen sind dein Geburtshoroskop und die Familie, in der du geboren wirst; wichtig für die karmische Forderung ist auch die Zeitepoche, die Zeitgeschichte, das Land, die Sprache, die geographische Umgebung; ferner in welcher Kultur du lebst, mit welcher Religion du aufwächst, welches Erziehungswesen herrscht. Kurz, es handelt sich um Faktoren, die von außen oder von innen wie naturgegeben auf dich wirken, dich beeinflussen und die Persönlichkeit formen.

Es handelt sich um Faktoren, denen du nicht entrinnen kannst. Sie wirken zwingend auf dich ein und können dich im künftigen Leben fördern oder hemmen. Du kannst aber auch lernen, mit Dankbarkeit auf sie zu schauen, weil sie dir, ganz gleich ob sie fördern oder hemmen, Entwicklungschancen für das spätere Leben bieten.

Diese karmischen Forderungen oder Determinationen wirken auf den Menschen besonders in der Phase bis zum 21. Lebensjahr, haben also ihren Schwerpunkt in den ersten drei Jahrsiebten. In dieser Zeit stehen wir unter der Wirkung der dritten Hierarchie, der Angeloi, Archangeloi und der Archai. Man kann auch sagen, daß in dieser Zeit die Planetenkräfte von Mond, Merkur und Venus auf unser Wesen wirken.

Kommen wir zum zweiten Gesichtspunkt. Man könnte das, was Rudolf Steiner hier meint, als *das Finden des karmischen Ortes* bezeichnen. Diese Lebensperiode dauert vom 14. Lebensjahr über das 3., 4. und 5. Jahrsiebt bis hin zum 35. Lebensjahr. Hier beginnt das Wirken der zweiten Hierarchie: der Kyriotetes oder Geister der Weisheit, der Dynamis oder Geister der Bewegung und der Exusiai oder Geister der Form. Im dritten Jahrsiebt entsteht dabei also eine Überlappung mit der Wirksamkeit der dritten Hierarchie.

Was bedeutet es nun, den karmischen Ort zu finden? Das bezieht sich nicht nur auf den geographischen Ort, die Institution, das Studium oder den Arbeitsplatz, sondern auch auf das Finden von Menschen, mit denen zusammen man im Leben etwas aufbauen möchte, von denen man durch die Gemeinsamkeit etwas lernt oder mit denen man gar eine eigene Familie gründet. Die zweite Hierarchie, die mit der Sonnensphäre verbunden ist, hat Einfluß auf unsere seelische Entfaltung. In der Begegnung mit anderen Menschen finden wir uns selbst – um unsere Ziele und Vorhaben immer besser in unserem Schicksal verwirklichen zu können. Schaue also auf die Menschen, denen du in dieser Zeit begegnest und achte auf die Orte, an denen du dich befindest, dann kannst du in dir ein Gefühl der Dankbarkeit entwickeln lernen. Mag es auch manchmal schmerzhaft gewesen sein, so war es doch gut, diesem oder jenem Menschen in diesem besonderen Moment an diesem speziellen Ort begegnet zu sein.

So steht der Mensch also zwischen dem 14. und 21. Lebensjahr einerseits unter dem starken Einfluß der dritten Hierarchie – z.B. dadurch, daß der Vater Ingenieur ist und dem jungen Menschen somit ein ganz bestimmtes Studium ermöglicht wird. Andererseits spielt auch die zweite Hierarchie eine Rolle. Man mag einem besonderen Lehrer begegnen, der Vorbild fürs Leben wird, oder aber auch einen Vorgesetzten bekommen, der zu Handlungsweisen zwingt, von denen man sich später sehr weit entfernen wird. Bestimmte Aspekte in der Biographie hängen in diesen Jahren also mehr mit den karmischen Forderungen, andere mehr damit zusammen, daß der Mensch seinen karmischen Ort findet.

In der Zeit von 21 bis 28 wirkt die zweite Hierarchie alleine.

Von 28 bis 49, also über drei Jahrsiebte hinweg, wirkt dann die erste Hierarchie. Diese Phase nennt Rudolf Steiner *die Zeit der karmischen Erfüllung*. Ich nenne sie gerne die Phase der *karmischen Verwirklichung*. Rudolf Steiner weist darauf hin, daß diese Phase bei manchen Menschen bis zum 49. Lebensjahr anhält, bei anderen jedoch bis zum 56. oder 63. Lebensjahr.

Die Gesichtspunkte, die um das 28. Jahr zum Tragen kommen, haben wir nun schon einige Male betrachtet. Es handelt sich hier zunächst um die Krise der Talente. Anders gesagt: Alles, was mit Erneuerung und Entwicklung zu tun hat, muß der Einzelne von dieser Zeit an von sich aus leisten. Nun haben wir gerade in dieser Zeit das Einsetzen der Hilfe durch die erste Hierarchie, die den Menschen dabei unterstützt, seine Lebensabsichten zu verwirklichen. Das Alter von 28 bis 35 ist dabei häufig noch eine Vorbereitungsphase, da einige Menschen zu diesem Zeitpunkt noch nicht ihren Ort und die Menschen gefunden haben, um ihre Vorhaben zu verwirklichen. Für Frauen sei darauf hingewiesen, daß die Gründung einer Familie sowie die Erziehung der Kinder zur Schicksalsverwirklichung gehören. Das gilt natürlich auch für diejenigen Männer, die sich der Kindererziehung widmen. Doch bei vielen Frauen hält trotzdem die innere Unruhe an: «Ich fühle, daß ich noch etwas anderes zu verwirklichen habe!» Herauszufinden, was das ist, ist eine der wichtigsten Aufgaben der Biographiearbeit.

Rudolf Steiner sagt in diesem Zusammenhang: «Erst ab dem 35. Lebensjahr wird der Mensch für seine Umgebung brauchbar, trägt er etwas für die Gesellschaft bei. – Ist er doch vor dieser Zeit sehr mit sich selber beschäftigt, mit dem Aufbau des Leibes, der Entfaltung der Seele, dem Abbau von Verhaltensnormen usw., bis man langsam zu sich selber findet. Erst ab 35, wenn schon der Abbau im Leib beginnt, befreien sich die Kräfte, die man der Welt und der Gesellschaft schenken kann.»[11]

So muß, damit die Entwicklung des Menschen weitergehen kann, ab dem 28. Lebensjahr die erste Hierarchie eingreifen. Die erste Hierarchie, bestehend aus den Thronen oder Geistern des Willens, den Cherubinen oder Geistern der Harmonie und den Seraphinen oder Geistern der Liebe, die aus den Sphären des Saturn, Jupiter und Mars wirkten, helfen im Leben nach dem Tod und vor einer neuen Verkörperung dem Menschen, seine neuen Lebensziele und Absichten zu erfassen. Das erlebt der Mensch hier auf Erden als die inneren Impulse, die er verwirklichen will. Das setzt aber voraus, daß man seinen karmischen Ort und die Menschen gefunden hat, mit denen man tätig sein kann. Dafür muß eine innere Freiheit errungen worden sein. Ab dem 35. Lebensjahr, wenn die Bewußtseinsseele sich entfaltet, haben wir Gelegenheit, neue Werte zu entdecken, um zur Erkenntnis der inneren Essenz unserer selbst und der Welt zu kommen.

Rudolf Steiner nannte einmal die Planeten Mars, Jupiter und Saturn die schicksalsbefreienden Planeten.[12] Das steht im direkten Gegensatz zu Mond, Merkur und Venus, die er die schicksalsbestimmenden Planeten nennt. Befreit von unserer Vergangenheit, von unseren Schicksalsforderungen, schreiten wir in diesem Alter frei in die Zukunft, so daß wir unser Schicksal und unsere Aufgaben immer freier und gelöster verwirklichen können. Wenn das nicht eintritt, muß dem Menschen therapeutisch oder psychotherapeutisch geholfen werden.

Das bewußte Anschauen der Biographie kann eine wesentliche Voraussetzung dafür sein, herauszufinden, welches unsere karmische Verwirklichung ist, bzw. ob wir auf dem Wege dazu sind.

Ab dem Alter von 63 stellt sich dann die Frage: Habe ich meine Aufgabe erfüllt? Bin ich meiner Lebensmission, meinem Leitmotiv – wie immer man es auch nennen möchte – treu geblieben? Ausgehend vom nachstehenden kleinen Schema aus dem 2. Karmaband,[13]

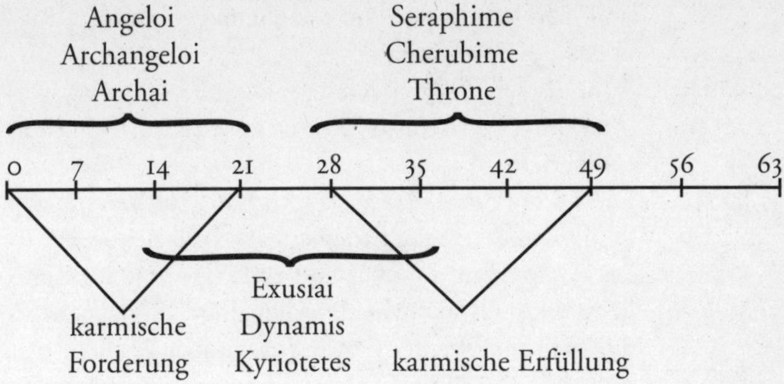

können wir unsere eigene Biographie einmal horizontal aufzeichnen und festhalten, welche jeweils neuen Einschnitte wann begonnen haben. Vielleicht erhalten dann die Punkte um das 14., 21., 28., 35., 49. usw. Jahr eine neue Bedeutung.

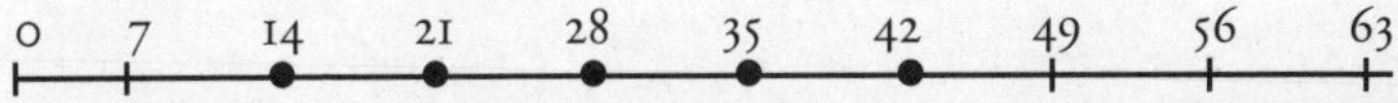

Betrachten wir nunmehr diese Zeitpunkte in der Biographie 5, so fällt Folgendes auf:

14 Jahre: Auswanderung nach Brasilien. Das ist ein ganz wichtiger Einschnitt, weil das individuelle Karma anfängt zu wirken! Nun wird der Mensch für seine Taten verantwortlich.

14-21 Jahre: Dieses Jahrsiebt ist aber noch intensiv vom Vater, den älteren Brüdern und der neuen geographischen Umgebung geprägt; die karmische Forderung wirkt noch weiter. Neu ist die Begegnung mit Freunden, auch mit der ersten Frau; da mischt sich schon der Einfluß der 2. Hierarchie mit hinein.

21 Jahre: Gründung der Firma: «Ich bin nun Partner des Vaters

und der Brüder!» Empfinden eines wichtigen Moments des Erwachsenseins!

28 Jahre: Adoption des ersten Kindes. Der Zeitraum 28 – 35 steht unter dem Motto Familienerweiterung und Konsolidierung.

35 Jahre: Die Erkrankung. Das Melanom führt zur Verstärkung des Bewußtseins; die Erdenaufgabe wird sichtbar: starkes Engagement im sozialen Bereich, sowohl im Familienbetrieb als auch in der Gemeinde. Erwachen für die Natur und Verantwortung gegenüber der Pflanzenwelt. Kohärenz mit einem ökologischen Denken.

49 Jahre: Wiederbegegnung mit der Frau, mit der er die zweite Ehe eingeht und die, zusammen mit dem Studium der Anthroposophie, sein Leben befruchten kann. Was will wohl noch erfüllt werden? Die Frage bleibt offen.

Schauen wir uns unter diesem Aspekt noch die Biographie 6 aus dem Buch «Das Leben in die Hand nehmen» an:

Kurze Zusammenfassung der Biographie 6 und dessen, was sich seit 1992 weiter entwickelt hat:

0 Im Inneren des Staates São Paulo geboren. Ich war das dritte von insgesamt vier Kindern, allerdings hatte meine Mutter zwischen mir und dem zweiten Kind sieben Fehlgeburten. Mein Vater war Polizeichef, die Mutter überwachte das große Haus. Wir hatten viele Tiere.

1 Jahr: Mit neun Monaten lernte ich laufen.

3 Jahre: Bazillare Darminfektion.

4 Jahre: Eintritt in den katholischen Kindergarten.

6 Jahre: Beim Fischen ins Wasser gefallen; Hell-Dunkel-Erlebnis.

7 Jahre: Eintritt in die Schule, ich war eine gute Schülerin. Ich spielte nicht gerne mit Puppen und riß ihnen die Haare aus.

9 Jahre: Platonische Liebe zum Nachbarskind. Mandeloperation.

10 Jahre: Umzug in eine andere Stadt in ein großes Haus. Ich half beim Keksebacken und Einmachen. Hatte Fragen wie: Wo kommen die Farbe und der Duft der Blumen her? Wie entstehen die Jahreszeiten? – Erste Menstruation.

13 Jahre: Basketballspielen (erst heimlich, dann erlaubt).

14 Jahre: Theaterspielen, schreibe auch eigene Stücke. Windpocken. Interesse für Atomtheorie, Sterne und Philosophie. Katholische Jugendbewegung. Herausgabe einer Zeitung. Ich wollte Christus den Menschen näher bringen.

17 Jahre: Verlust einer Freundin und eines Freundes durch deren Tod. Es entsteht die Frage: Was ist nach dem Tod? Verliebte mich in ein Mädchen.

18 Jahre: Entdeckung meiner Muskeln u. starkes Erlebnis davon. Interesse an Gymnastik und Bewegung. Mumps. Eltern zogen nach São Paulo, ich verblieb im Landesinneren und nahm das Studium von sieben Fächern auf.

19 Jahre: Ich zog auch nach São Paulo. Allergie. Wollte Philosophie studieren, wurde aber zum Sportstudium umgeleitet. Besuchte morgens die Sporthochschule, gab nachmittags Unterricht und ging abends meinem eigenen Sport nach.

von 21-27: war das Leben sehr bewegt, auf Tourneereisen mit Basketballspielern, außerdem gab ich Sportunterricht. Mit 24 Jahren machte ich das Diplom an der Sportschule. Zog in eine andere Stadt ins Landesinnere, schloß Freundschaften mit den Bauern und besuchte häufig Ferienkolonien für Jugendliche – lernte reiten und rauchen. Verliebte mich in einen Pfarrer.

27 Jahre: Fuhr zurück in meine Heimatstadt und gab Sportunterricht. Verliebte mich in eine Schülerin, wurde als

lesbisch bezeichnet und nahm 20 kg ab. Suchte keinen Rat. Rippenbruch. Schmerzen. Visionen von Menschen und geistigen Wesen. (s. «Das Leben in die Hand nehmen», S. 111 ff)

28 – 35: Sieben Jahre lang Beziehungen zu einem Mädchen.

31 Jahre: Lesen des Buches «Die Geheimwissenschaft» – Betreuung eines behinderten Kindes.

32 – 33: Ein Jahr im Camphill-Heim, dann Gymnastikunterricht.

33 – 34: Begleitung durch ein übersinnliches Wesen.

34 Jahre: Bandscheibenvorfall – Selbstheilung durch Gymnastik.

35 Jahre: Beginn einer anthroposophischen Behandlung in der Tobias Klinik. Danach Hämorrhoidenoperation. Beginn einer neuer Freundschaft, die vier Jahre dauert.

36 Jahre: Gründung einer Ferienkolonie. Während der Woche Unterricht an der Waldorfschule, später an einer städtischen Schule.

37 Jahre: Wieder ein übersinnliches Erlebnis – Stimme.

38 Jahre: Kurs an der Universität in Psychomotorik.

39 Jahre: Verlust der Freundin.

40 – 41: Krise. Depression und Spaltung. Sinnlosigkeitsgefühle. Für ein Jahr arbeitsunfähig.

42 – 49: Zwei Jahre in einer Ferienkolonie, nahm behinderte Kinder auf.

46 Jahre: Tagesschule für behinderte Kinder, hauptsächlich spastisch Gelähmten in São Paulo.

Nimmt man die Spiegelungsachse um 31 Jahre, so haben wir hier in den Jahren von 42 bis 49 eine starke Spiegelung der Phase von 14 – 21. Das eigene Muskelerlebnis wirkt sich nun heilend und anregend auf die Kinder mit motorischen Störungen aus. Dies ist eine deutliche Spiegelung und Metamorphose.

In dieser Phase bis zum 49. Lebensjahr, der wohl prägendsten für die Entwicklung dieser Frau, stirbt, so können wir heute hinzufügen, der Vater. Im nächsten Jahrsiebt, von 49 bis 56, ereignet sich eine Auseinandersetzung mit der Mutter. Das ist eine Phase, in der das zweite Jahrsiebt von 7 bis 14 gespiegelt wird – eine neue «Mutter» wird entdeckt.

Schauen wir nun noch, was uns die Persönlichkeit selber schildert:

«Die Jahre 49 – 56 waren eines der wesentlichsten Jahrsiebte meines Lebens. Tiefe Umwälzungen haben stattgefunden, so daß ich mich frage: Wie war ich denn vorher? Das Beeindruckendste in diesem Jahrsiebt war meine Mutter.

Seit dem Tod meines Vaters 1985 und nach dem Oberschenkelbruch meiner Mutter, der bedeutete, daß sie nicht mehr laufen konnte, begann ich für meine Mutter zu sorgen. Sie mußte sich vielen chirurgischen Eingriffen unterziehen und war drei Jahre stationär in einem Krankenhaus untergebracht. Ich mietete für sie eine Wohnung in São Paulo und besorgte den Umzug aus dem Landesinneren in die Stadt. Ich brachte alles mit, was ihr lieb war und versuchte, es ihr so gemütlich wie möglich zu machen. Während ihres Krankenhausaufenthalts litt ich sehr, da ich wegen meiner Arbeit nur wenig Zeit für sie hatte. Sowohl morgens als auch nachmittags gab ich Unterricht, auch arbeitete ich noch in der Institution, die ich mitgegründet hatte.

Wenn sie in Privatkrankenhäusern war, konnte ich nachts bei ihr schlafen, aber durch die starken Medikamente und Anästhesien (sie hatte sich eine Krankenhausinfektion geholt) war sie teilweise außer sich und erkannte mich kaum noch. Es waren schlimme Tage: Zweifel, Müdigkeit und die Bestätigung, wie die Wirkung chemischer Substanzen auf den Bewußtseinszustand eines Menschen ist.

Um es kurz zu fassen: Die sieben Jahre, in denen meine Mutter an den Rollstuhl gefesselt war, waren ein Drama. Ich habe viel über das Altern gelernt und auch, daß hier in Brasilien geeignete Institutionen fehlen, die für den alten Menschen sorgen. Ich habe meiner Mutter geholfen, ihre Biographie «in Ordnung» zu bringen, habe viele Stunden an ihrer Seite verweilt und ihr zugehört, wie sie über ihre Kindheit, ihre Träume, ihre Hoffnungen, ihre Trauer und ihre Frustrationen erzählt hat.

Es war interessant zu erleben, wie diese alte Frau, die da vor mir saß, von Dingen erzählte, die ich nie gewußt hatte, und ganz anders erschien sie mir als die Mutter, die ich gekannt hatte. Sie starb dann 1992 im Alter von 85 Jahren.

Drei Monate nach ihrem Tod faßte ich den Entschluß, aus der Institution mit den heilpädagogischen Kindern auszutreten und meinen Rentenanspruch einzureichen. Die Entscheidung aus der Institution auszutreten fiel mir schwer, da ich hohe Ziele in die anthroposophische Heilpädagogik gesteckt hatte und dies nun alles aufgeben mußte. Die anderen Mitarbeiter kümmerten sich wenig um diese Ziele. Um ihnen aber eine Chance zu geben, aufzuwachen und Verantwortungen zu übernehmen, habe ich diesen Entschluß gefaßt. Nachdem die anderen Mitarbeiter sich entschieden hatten, die Institution weiterzuführen, begleitete ich sie noch einige Zeit. Das war 1993.

Ich hatte nur wenig Geld; es war auch äußerst schmerzlich, zu erleben, wie schnell man vergessen wird, wenn man nicht mehr gebraucht wird. In dieser Art der Isolation, und ohne zu wissen, welches meine neuen Ziele waren, habe ich mich entschlossen, ein Buch zu schreiben, das meine praktischen Erfahrungen beinhaltet.

Meine Rente bekam ich ab 1994 und mein Buch wurde 1995 veröffentlicht. Im gleichen Jahr verkaufte ich meine Wohnung, kaufte mir ein Haus und begann mit Kindern zu arbeiten, die Lernschwierigkeiten, motorische Probleme und Verhaltensstörungen aufwiesen. Nach kurzer Zeit vergrößerte sich die Zahl meiner Klienten, auch gesellten sich einige Mitarbeiter dazu, die mit den Müttern arbeiteten. – Es ist, als habe sich nach dieser schwierigen Zeit die Welt geöffnet, ich reise im ganzen Land herum, halte Vorträge und gebe Unterricht in Heilpädagogik. Auch gebe ich einen Kurs über Bewegung und Rhythmus, was seit je wie ein Mittelpunkt, eine Art Lebensthema für mich war.

Ich habe vergessen zu erwähnen, daß ich 1988 von meiner Geburtsstadt eingeladen worden war, um die Studentenolympiade zu eröffnen. Auch erhielt ich eine Silbermedaille für all das, was ich als junger Mensch für die Studentenjugend geleistet hatte – ich war ja Sportlehrerin!

Seit meinem Hauskauf habe ich wieder einen Garten, dem ich jeden Morgen einige Stunden widme. Ich habe die Anzahl meiner Arbeitsstunden reduziert, denn jetzt heißt mein Leitmotiv: ‹Wenig machen, aber gut!›

Auch schreibe ich zur Zeit an zwei weiteren Büchern; das eine handelt über die Geheimnisse der Bewegungen, das andere über heilpädagogische Kinder, denn es ist mir ein Bedürfnis, daß die Umwelt diese Wesen besser versteht und sie damit in ihrer Entwicklung besser begleiten und anleiten kann.»

Schauen wir Biographie 6 einmal hinsichtlich der Aspekte karmische Forderung, karmischer Ort und karmische Verwirklichung an. In der karmischen Forderung bis zum 21. Lebensjahr sehen wir, was in der Kindheit angelegt wurde. Der Vater ist als Polizeichef, die Mutter ist im Hauswesen tätig. Das Aufwachsen im Landesinneren. Das frühe Kennenlernen des Sports, speziell des Basketballspiels – das Studium in der Sporthochschule – das besondere Erlebnis der Muskeln. Dazu kommen die inneren Aspekte dieses Mädchens: eine kräftige physische Konstitution, ein cholerisches Temperament (für beide Aufnahmen in die Sporthochschule muß sie Schwimmen können. Ohne Schwimmen zu können, springt sie ins Wasser – und schwimmt!); die homosexuelle Anlage. Diese karmischen Anlagen bzw. karmischen Forderungen werden nun umgewandelt in die karmische Erfüllung, die Arbeit mit behinderten Kindern, insbesondere solchen, die motorische Störungen haben. Der Wunsch nach einem Philosophiestudium wandelte sich wohl um in das Anliegen, ein Verständnis für behinderte Kinder zu wecken. Genauso wird ihre starke Beziehung zu Bewegung und Rhythmus so umgewandelt, daß sie die Bedeutung von Bewegung und Rhythmus auch für andere sichtbar machen will.

Die Suche nach Bekanntschaften und Freundschaften, nach den richtigen Menschen, nach dem karmischen Ort, zieht sich durch das ganze Leben hindurch, beginnend mit dem 21. Lebensjahr. Man kann sogar den Eindruck gewinnen, daß gerade dieses Element Schwierigkeiten mit sich brachte und vielleicht der vollen Entfaltung der karmischen Verwirklichung im Wege stand.

Die lange Übung

Du wirst vielleicht durch lange Übung langsam
die ersten Zeilen des Gebetes lernen.
Wenn Du sie kannst, wird er Dich dann entfernen
aus dem Bereich der leicht gesagten Worte. -

Und diese ersten Zeilen des Gebetes
sind alles, was Du mitnimmst auf die Reise.
Sie bleiben die nie aufgezehrte Speise
für dich an dem von ihm bestimmten Orte.

Du wirst die ersten Zeilen des Gebetes
mitbringen, wenn Du wiederkehrst von drüben,
und ihrer mächtig wirst Du weiter üben -
und einmal wird Gebet sein ohne Worte.

Ina Seidel

VI. Das Leben nach dem Tod – was stellen uns die Hierarchien für Fragen und Aufgaben?

Zu Beginn wollen wir uns in einen Auszug aus dem ersten Vortrag Rudolf Steiners aus «Die Offenbarungen des Karma» und anschließend in das Märchen «Sterntaler» von den Brüdern Grimm vertiefen:

«Wenn allerdings ein Mensch achtzig Jahre alt geworden ist und dann zurückschaut auf das, was man als Ursachen zu Ereignissen im achtzigsten Jahre in frühester Kindheit zu suchen hat, so wird es für ihn vielleicht recht schwierig sein, Gegenmittel zu finden, um auszugleichen, was an ihm getan worden ist. Und wenn er sich dann auch belehren läßt, so wird das nicht mehr allzuviel helfen. – Wenn er sich aber vorher belehren läßt, und hinblickt auf die Sünden, die an ihm begangen sind, und, sagen wir, schon im vierzigsten Jahre dagegen Vorsorge trifft, dann hat er vielleicht doch noch Zeit, um gewisse Gegenmittel zu ergreifen.

Wir sehen also, daß wir uns nicht allein für das unmittelbar Nächstliegende des Lebens-Karma belehren lassen sollen, sondern über Karma und den gesetzmäßigen Zusammenhang, den Karma bedeutet, überhaupt. Das kann uns förderlich sein für unser Leben. – Was tut denn aber ein Mensch, der im vierzigsten Jahre etwas unternimmt, damit die Schäden gewisser Sünden nicht eintreten, die z.B. im zwölften Jahre an ihm begangen worden sind, oder die er selbst begangen hat? Er wird versuchen, was er gesündigt hat, oder was an ihm getan worden ist, auszugleichen und alles zu tun, was der Wirkung, die eintreten müßte, vorbeugt. Er wird in gewisser Weise sogar die notwendige Wirkung, die ohne sein Zutun eintreten würde, durch eine andere ersetzen. Die Erkenntnis dessen, was es im zwölften Jahre gegeben hat, wird ihn selbst zu einer bestimmten Handlung im vierzigsten Jahre führen. Diese Handlung hätte er nicht vollzogen, wenn er nicht erkannt hätte, daß es dieses oder jenes im zwölften Jahre gegeben hat. Was hat der Mensch also durch sein Zurückblicken auf sein früheres Leben getan? Er hat selber durch sein Bewußtsein folgen lassen auf eine Ursache eine bestimmte Wirkung. Er hat gewollt die Wirkung, welche er jetzt herbeigeführt hat. – Das zeigt uns, wie in die Linie der karmischen Folgen unser Wille eingreifen und etwas schaffen kann, was an Stelle von sonst eingetretenen karmischen Wirkungen steht. Nehmen wir einen solchen Zusammenhang, wo ein Mensch ganz bewußt eine Verbindung zwischen Ursache und Wirkung im Lebenslauf herbeiführt, so werden wir uns sagen: Bei einem solchen Menschen ist Karma oder karmische Gesetzmäßigkeit ins Bewußtsein hineingetreten, er hat selbst in gewisser Weise die karmische Wirkung herbeigeführt.

Nehmen wir nun aber einmal an, wir legen einer ähnlichen Betrachtung dasjenige zugrunde, was wir über die wiederholten Erdenläufe eines Menschen wissen. Das Bewußtsein, von dem wir eben gesprochen haben, das sich ausdehnt mit der angedeuteten Ausnahme auf unser Leben zwischen Geburt und Tod, das entsteht dadurch, daß sich der Mensch des Instrumentes seines Gehirns bedienen kann. Wenn der Mensch durch die Pforte des Todes schreitet, tritt ein anders geartetes Bewußtsein auf, das unabhängig ist vom Gehirn und an wesentlich andere Bedingungen gebunden ist. Und wir wissen, daß für dieses Bewußtsein eine Art Rückblick auftritt über alles, was der Mensch in dem Leben zwischen Geburt und Tod vollbracht hat. Im Leben zwischen Geburt und Tod muß der Mensch erst die Absicht haben zurückzublicken auf irgendwelche Sünden, die an ihm begangen worden sind, wenn er die Wirkung dieser Sünden wirklich karmisch ausgleichen soll. Nach dem Tode schaut der Mensch im Zurückblicken auf sein Leben auf dasjenige, was er an Sünden oder überhaupt an Handlungen vollbracht hat. Da schaut er auch zugleich das, was diese Handlungen an seiner Seele oder aus seiner Seele gemacht haben. Da sieht der Mensch, wie er dadurch, daß er eine bestimmte Handlung getan hat, in seinem Werte gesunken oder gestiegen ist. Haben wir einem anderen z.B. irgendein Leid zugefügt, so ist unser Wert dadurch gesunken; wir sind sozusagen weniger wert geworden, sind unvollkommener geworden. Wenn wir nun nach dem Tode zurückblikken, sehen wir auf zahlreiche solche Fälle zurück, bei denen wir uns sagen: Wir sind dadurch unvollkommener geworden. Daraus aber folgt für das Bewußtsein nach dem Tode, daß in ihm die Kraft und der Wille entsteht, wenn es wieder Gelegenheit dazu hat, alles zu tun, um jenen Wert wieder zu erringen, welchen es verloren hat, – d.h. der Wille, alles Leid auszugleichen, das es zugefügt hat. Der Mensch nimmt also zwischen Tod und neuer Geburt die Tendenz, die Absicht auf, was er Schlechtes getan hat, wieder auszugleichen, damit er überhaupt den Standpunkt der Vollkommenheit wieder erringen kann, den er als Mensch haben soll, und der verhindert worden ist durch die entsprechende Tat.»[14]

Sterntaler

«Es war einmal ein kleines Mädchen, dem waren Vater und Mutter gestorben, und es war so arm, daß es kein Kämmerchen mehr hatte, darin zu wohnen, und kein Bettchen mehr, darin zu schlafen, und endlich gar nichts mehr als die Kleider auf dem Leib und ein Stückchen Brot in der Hand, das ihm ein mitleidiges Herz geschenkt hatte. Aber es war gut und fromm. Und weil es von aller Welt verlassen war, ging es im Vertrauen auf den lieben Gott hinaus ins Feld. Da begegnete ihm ein armer Mann, der sprach: «Ach, gib mir etwas zu essen, ich bin so hungrig.» Es reichte ihm das ganze Stückchen Brot und sagte: «Gott segne dir's», und ging weiter. Da kam ein Kind, das jammerte und sprach: «Es friert mich so an meinem Kopfe, schenk mir etwas, womit ich mich bedecken kann.» Da tat es seine Mütze ab und gab sie ihm. Und als es noch eine Weile gegangen war, kam wieder ein Kind und hatte kein Leibchen an und fror. Da gab es ihm seins; und noch weiter, da bat eins um ein Röcklein, das gab es auch von sich hin. Endlich gelangte es in einen Wald, und es war schon dunkel geworden; da kam noch eins und bat um ein Hemdlein, und das fromme Mädchen dachte: Es ist dunkle Nacht, da sieht dich niemand, du kannst wohl dein Hemd weggeben, und zog das Hemd ab und gab es auch noch hin. Und wie es so stand und gar nichts mehr hatte, fielen auf einmal die Sterne vom Himmel und waren lauter harte blanke Taler; und ob es gleich sein Hemdlein weggegeben, so hatte es ein neues an, und das war vom allerfeinsten Linnen. Da sammelte es sich die Taler hinein und war reich für sein Lebtag.»[15]

In Bildform wird hier der Prozeß der Entsagung geschildert, der eigentlich schon vor dem Tode beginnen kann. Nach dem Tode legen wir alle «weiteren Kleidungsstücke», nämlich unsere Hüllen, ab; wir sind nun wie nackt, Dunkelheit ist um uns und ein Sternenregen fällt auf uns nieder, so daß wir mit neuen Fähigkeiten und Begabungen wieder auf die Welt kommen.

Wir wollen nun schauen, wie sich das Leben nach dem Tod in der gegenwärtigen Biographie des Menschen spiegelt.

Mit dem Tod zerfällt der physische Körper, da er den chemischen und physikalischen Gesetzen unterliegt; die übersinnlichen Kräfte halten ihn nicht länger zusammen.

Der Ätherleib, der im Leben für alles Aufbauende, Regenerierende und Wachsende verantwortlich ist und der der Träger unseres Gedächtnisses ist, löst sich erst langsam innerhalb von drei Tagen auf. In diesem kurzen Zeitabschnitt ermöglicht er uns die Schau des Lebenspanoramas. Ereignis über Ereignis stellt sich nebeneinander, zeigt sich uns als Bild und gleich einem Film ermöglicht uns dies, das gesamte Leben noch einmal zu betrachten. Erst danach lösen sich die Bilder allmählich auf. Der Ätherleib selbst löst sich dann in den Kräften der Elemente auf, wobei die Seele jedoch einen Extrakt von ihm weiter mitnimmt.

Je mehr wir schon zu Lebzeiten gelernt haben, von Zeit zu Zeit rückblickend eine Überschau über unser Leben zu machen, desto bewußter können wir nach dem Tod das Lebenspanorama überblikken. In der Biographiearbeit nehmen wir dieses nachtodliche Erlebnis bewußt vorweg: wir stellen die Lebensereignisse nebeneinander; wir versuchen, sie in Farben und Bildern künstlerisch darzustellen.

Betrachtet man so die Bilder der verschiedenen Jahrsiebte nebeneinander, erhält man ein Abbild dieses Lebenspanoramas.

Viele Menschen, die dem Tod durch Ertrinken, Verschüttung und ähnlichem nahe waren, haben das Ereignis des Lebenspanoramas dabei durchlebt, da durch das Schockerlebnis der Ätherleib sich etwas von dem physischen Leib gelockert hatte. Bei vielen dieser Menschen treten auch noch andere Erlebnisse auf, sie erleben Engel und Lichtwesenheiten oder haben Christuserlebnisse. Kehren sie dann ins tatsächliche Leben zurück, tritt der starke Wunsch auf, eine radikale Lebensänderung vorzunehmen. Es sind Schwellenerlebnisse ähnlich denen, über die wir in den Biographien 2 und 3 berichtet haben.

Betreiben wir die Biographiearbeit mit genügendem Ernst, können wir beim Überblick über unsere Lebensbilder auch den Eindruck eines Gesamtbildes erhalten und dabei eine Kohärenz, einen höheren Sinn im eigenen Leben entdecken. Deshalb ist es auch so, daß viele Menschen sich nach Abschluß einer solchen Arbeit entschließen, in ihrem Leben von Grund auf etwas zu ändern. Sie beugen dadurch gewissen Situationen vor, die eingetreten wären, wenn dieser Entschluß nicht gefallen wäre. Das entspricht auch dem, was im Zitat Rudolf Steiners am Anfang des Kapitels zum Ausdruck kommt.

Zurück zum nachtodlichen Leben: Der Verstorbene hat nun den Extrakt des Lebenspanoramas mitgenommen und kommt in die Zeit, die Rudolf Steiner die Kamaloka-Zeit nennt. Noch sind bei ihm das Ich und der Astralleib verbunden. Im Leben war der Astralleib für das Bewußtsein, für Triebe, Begierden und Leidenschaften und auch für die Abbauprozesse im Organismus verantwortlich. Ebenso war der Astralleib an allen Lernprozessen sowie an allen unseren Gewohnheiten, Verhaltensnormen usw. mitbeteiligt.

Die Zeit, in der der Verstorbene im Kamaloka weilt, dauert nun ungefähr so lange, wie dieser Mensch in seinem Leben auf der Erde geschlafen hat. Grob gerechnet ist das ein Drittel seiner Lebenszeit. Diese Zeit verwendet der Verstorbene nun dafür, die Leidenschaften, Triebe, und Wünsche abzulegen. Der physische Leib, der zu ihrer Befriedigung notwendig war, ist nicht mehr da. Es ist die Läuterungszeit des Fegefeuers. Die Begierden und die Ziele, auf die sie sich richteten, werden erlebt wie es im Mythos von Tantalus geschildert wird: Man schwimmt im Wasser und kann doch kein Wasser trinken, obwohl der Durst übergroß ist. Der Verstorbene kann auch nicht mehr so wie auf der Erde denken und muß sich in jeder Hinsicht daran gewöhnen, daß er keinen Körper mehr hat.

In dieser Zeit tritt nun ein zweites Element hervor: Alles was der Verstorbene in seinem Leben gelernt hat, wandelt sich nun in Fähigkeiten um. Nichts von dem, was er im Leben mühsam erworben oder im Seelischen immer wieder probiert und neu versucht hat zu üben, geht dabei verloren. Vielmehr wird es jetzt in Keime für neue Potentialitäten und Fähigkeiten umgewandelt, die er in sein nächstes Leben mitbringen wird. Alles, was wir auf Erden als Genialität, als Begabungen mitbringen, stammt aus der Aufarbeitung von Elementen dessen, was wir in früheren Leben ausgeführt und geübt haben.

Ein drittes Element im Kamaloka besteht darin, daß die Taten, die der Verstorbene getan hat, auf ihn selber zurückfallen. Er hat viele Begegnungen im Leben gehabt und hat diesem oder jenem Menschen Gutes oder Böses angetan. Nun erlebt er als geistige Realität, was er dem Anderen angetan hat. Er erlebt es jetzt so, wie der betreffende Mensch es empfunden hat. Habe ich jemandem eine Ohrfeige versetzt, so erlebe ich jetzt, was der andere beim Schlag dieser Ohrfeige empfunden hat. Daraus entsteht in mir der Drang, die Tat wiedergutzumachen, bzw. es entsteht das Karma. In der geistigen Welt kann ich meine Tat nicht wieder gutmachen, und so drängt es mich, wieder auf die Erde zu kommen, um diesem Menschen erneut zu begegnen und ihm gegenüber eine Handlung vorzunehmen, die die vorhergehende ausgleicht und harmonisiert.

Wenn nun die Kamaloka-Zeit abgelaufen ist, nimmt das Ich wieder einen Extrakt der geistigen Erfahrungen dieser Zeit mit sich. Praktisch gesehen sind das die Anlagen für den Wunsch, wieder auf die Erde zu kommen. Es sind bei einem Menschen, der 60 Jahe alt geworden ist, an dieser Stelle der nachtodlichen Entwicklung 20 Jahre seit seinem Tod abgelaufen.

Nun gelangt der Verstorbene als Geisteskeim in höhere Sphären. Rudolf Steiner spricht in diesem Zusammenhang von den Planetensphären, die die ganze Erde umgeben bis hin zu den Fixsternen. Die äußeren Planeten, die wir am Himmel sehen können, sind nur die Merkzeichen dafür, bis zu welcher räumlichen Grenze die jeweilige Planetensphäre ausgedehnt ist.

Von der Erde aus gesehen ist die erste Sphäre, in der das Kamaloka durchlebt wird, die Mondsphäre. Da empfangen uns die geistigen Führer der Menschheit. Sie sind Wesen, die ihre Aufgaben auf Erden in alten Zeiten vollbracht haben und die über Gut und Böse richten. Alles, was objektiv böse an uns ist, muß in dieser Sphäre zurückbleiben. Wie schon erwähnt, löst sich der Astralleib nun nicht ganz in der Astralsphäre auf. Vielmehr bleibt ein Teil von ihm hier in der Mondsphäre zurück, um auf dem Abstieg zur Erde wieder in unsere Seele eingewoben zu werden. Diesen Teil erleben wir und die anderen dann als unseren «Schatten» oder Doppelgänger. In der Mondsphäre begegnen wir auch anderen verstorbenen Seelen und deren Engelwesen. Auch unser eigener Engel, der uns während all den vorhergehenden Leben begleitet hat, steht uns in der Kamaloka-Zeit zur Seite.

Bevor der Tote jetzt in höhere Sphären heraufsteigt, wollen wir ein Schema betrachten, in das die verschiedenen Planetensphären und die jeweilig dazugehörigen Hierarchien eingetragen sind.

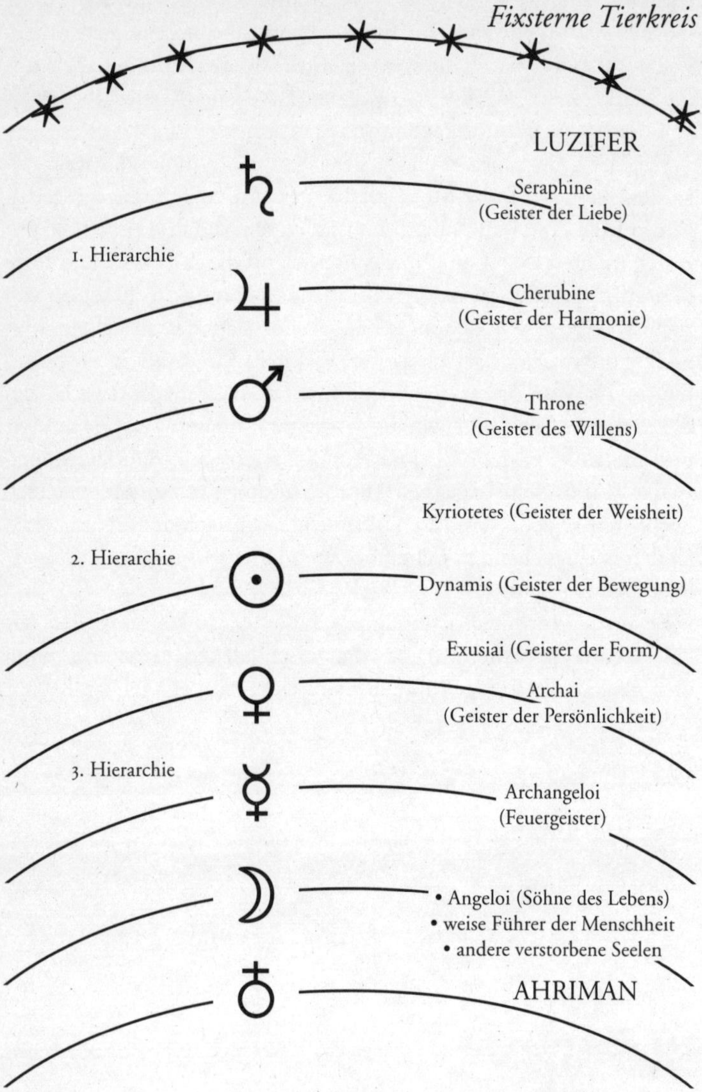

Fixsterne Tierkreis
LUZIFER
Seraphine
(Geister der Liebe)
1. Hierarchie
Cherubine
(Geister der Harmonie)
Throne
(Geister des Willens)
Kyriotetes (Geister der Weisheit)
2. Hierarchie
Dynamis (Geister der Bewegung)
Exusiai (Geister der Form)
Archai
(Geister der Persönlichkeit)
3. Hierarchie
Archangeloi
(Feuergeister)
• Angeloi (Söhne des Lebens)
• weise Führer der Menschheit
• andere verstorbene Seelen
AHRIMAN

Zum besseren Verständnis des Schemas kann uns ein Bild helfen: Wir kommen auf unserer nachtodlichen Reise in die verschiedenen «Mansarden» Gottes, und je nach unseren Vorbereitungen, je nach unseren Notwendigkeiten, je nach dem was wir in einem nächsten Leben realisieren müssen, werden wir in dieser oder jener «Mansarde» Gottes länger oder kürzer verweilen.

Wird der Verstorbene aus der Mondsphäre entlassen, so ist er geistig teilweise verstümmelt, weil er das absolut Böse dort zurückgelassen hat. Er gelangt nunmehr in die Merkursphäre. Dort werden die geistigen Gegenbilder der Krankheiten verarbeitet. Die Merkursphäre, Sphäre der Heilgötter aller Zeiten, ist auch der Ort, zu dem der Heiler oder Therapeut sich wendet, um sein therapeutisches Tun inspirieren zu lassen.

Die Merkursphäre ist die Sphäre der Archangeloi, der Erzengel, die ja auch die Volksgeister genannt werden. Von dort geht der Verstorbene noch verstümmelter fort, weil er alles Ungesunde in sich dort zurücklassen mußte. Er wird jetzt von den Liebesgeistern in der Sphäre der Venus empfangen. Hier sind die Archai zu Hause. Alle religiösen Empfindungen und Anschauungen, die der Mensch während seines Lebens hatte, werden hier verarbeitet. Diese Liebeswesen, behutsam den Geisteskeim des Menschen umhüllend, entlassen ihn in die Sonnensphäre, wo er die längste Zeit im entkörperten Zustand verweilt. Hier gesundet der Geisteskeim geistig, so daß er mit neuer Kraft und Integrität auf ein neues Erdenleben zugehen kann. Hat der Mensch die Sonnensphäre erreicht, so schaut er nicht mehr auf das vorige Leben zurück, sondern bereitet seinen Geistkeim auf die nächste Inkarnation vor.

In der Marssphäre wird der Mensch durch die Wirkung der Throne mit der Kraft des Wortes ausgestattet. Unsere Sprachfähigkeit und unsere Gewandtheit im Sprechen wird dabei besonders gekräftigt. Außerdem hat die Marssphäre mit den aggressiven Fähigkeiten zu tun, und zwar damit, inwieweit wir auf Erden die Kraft haben, die Widerstände des physisch-materiellen Lebens zu überwinden und unsere geistigen Intentionen zu verwirklichen. Menschen, die lange in dieser Sphäre verweilt haben, sind tat- und wortkräftig.

In der Jupitersphäre wirken nun die Weisheits- und Harmoniekräfte der Cherubine. Der Mensch lernt vom Jupiter, sein Schicksal weisheitsvoll zu gestalten. Dazu gehört die Fähigkeit, aus den schmerzvollen Ereignissen und Erlebnissen des Lebens lernen zu können und diese Erfahrungen in Lebensweisheit umzuwandeln. So wird eine Harmonie zwischen dem Äußeren und dem Innenleben geschaffen. Es bildet sich der richtige Rhythmus zwischen Innen und Außen. Die Jupitersphäre veranlagt auch die Fähigkeit, das Leben zu überschauen und die Ereignisse in eine übergeordnete Ganzheit einzuordnen. Rudolf Steiner spricht von der Fähigkeit eines globalen Denkens, das hier veranlagt wird.

Eine Sphäre höher gelangt der Verstorbene in die Saturnssphäre, in das Reich der Seraphine oder Geister der Liebe. Von der Saturnsphäre spricht Rudolf Steiner als einem Bereich, in dem dem Menschen der radikale Lebensernst eingepflanzt wird. In der Folge zeigt der Mensch im Leben große Verantwortlichkeit in Bezug auf die Verwirklichung seiner Ziele. In der Saturnsphäre werden die geistigen Anschauungen und Erkenntnisse des Menschen eingeschrieben und für das nächste Leben in eine angeborene Spiritualität umgewandelt. Er gelangt im Saturnbereich zu der sogenannten Mitternachtsstunde des nachtodlichen Daseins, wo der Mensch sich als geistiges Wesen am weitesten über die Sphären ausdehnt. Jetzt kann er das gesamte Planetensystem so erleben wie er auf Erden seine inneren Organe erlebt. Beispielsweise erlebt er die Sonne als Herz, die Leber als Jupiter, die Milz als Saturn usw. Außerdem nimmt der Verstorbene in der Saturnsphäre die Kraft der Fixsterne auf. Sie sind gegenüber den Planetenimpulsen etwas allgemein Menschliches, das die Entwicklung der Menschheit überhaupt erst ermöglicht.

In diesem Moment wird der Verstorbene einer großen Verführung ausgesetzt; Luzifer möchte den Menschen als rein geistiges Wesen in den geistigen Welten zurückbehalten. Die Verführung lautet in Worte gebracht etwa so: «Warum soll ich auf die Erde zurück? Mich in die Schwere, in einen physischen Leib begeben? Neues Leid und neue Qualen auf mich nehmen? Hier können wir doch ganz im Licht und in der Wärme weilen und ohne Verpflichtungen uns nur mit dem Geistigen befassen.» In diesem Moment aber wird dem Menschen der kosmische Christus sichtbar und er erkennt, wie weit der Weg noch ist, um wirklich zum Ziel der Vollendung zu gelangen. So geben die Saturnwesen dem Menschen die nötige Selbsterkenntnis, um den Entschluß treffen zu können, wieder auf die Erde zu kommen und dort einen weiteren Teil seines Schattens in Licht umzuwandeln. Jesus Christus hat in einem einzigen Leben die Umwandlung seiner selbst vollbracht; der Mensch hingegen muß auf diesem Wege viele Inkarnationen durchlaufen. Dabei kann Christus der Wegweiser für unsere Lebenswege sein, der Herr unseres Karma. Wenn wir ihm im Leben schicksalsmäßig begegnen, bleibt er auch nach dem Tod unser Führer. Christus ist dann als lebendige Kraft in uns. Rudolf Steiner spricht in diesem Zusammenhang auch von dem Einpflanzen des Heiligen Geistes.[16]

Nach der Mitternachtsstunde des nachtodlichen Daseins begeben sich die Geistkeime zur Erde zurück. Saturn verleiht ihnen die dazu nötige Schwerkraft, die Sehnsucht nach der Erde, die überhaupt erst den Rückweg zur Erde ermöglicht. Die für das nächste Leben gesteckten Ziele sind dabei deutlich bewußt, denn die erste Hierarchie macht in der Form von kosmisch- dramatischen Handlungen vor, was der Mensch sich für sein kommendes Leben vorgenommen hat. Die Fähigkeit zur Erinnerung dieser Ziele auf Erden verdankt der Mensch der Saturnkraft.

Gelangt er erneut durch die Jupitersphäre, bekommt er außer den schon erwähnten Gaben hier die Freude am Leben eingepflanzt. Menschen, die eine große Lebensfreude haben und diese auch weitervermitteln können, führen meistens ein harmonisches Leben. Sie sind von Jupiter besonders beschenkt worden.

Der erneute Durchgang durch die Marssphäre gibt dem Menschen Lebensmut und Kraft, um seine Intentionen zu verwirklichen.

Bis zur Rückkehr in die Sonnensphäre hat der Geisteskeim noch ein Bewußtsein von seinen geistigen Entschlüssen, die er in den oberen Planetensphären gefaßt hat. Wie schon erwähnt, treffen wir unsere karmischen Verabredungen in der Sonnensphäre – wir werden in unseren karmischen Impulsen gestärkt.

In der Venussphäre erwirbt der Mensch die Kraft, eine menschliche Sprache zu sprechen. Hier wirken Venus und Mars zusammen. Venus gibt ihm außerdem die Möglicheit, hier auf Erden Ideale zu haben. Dieser Impuls wirkt in der Adoleszenz besonders stark. Rudolf Steiner spricht in diesem Zusammenhang über «das Geistig-Erotische in der menschlichen Vorstellungskraft». Diese Kraft bewirkt, daß das Interesse für die Welt geweckt werden kann. Beim Durchgang durch diese Sphäre ist es vom Stand der Venus zur Sonne abhängig, ob der Mensch auf Erden eine stärkere oder schwächere Beziehung zu seiner Familie haben wird.

In der Sphäre des Merkur nimmt der Verstorbene nun durch die Archangeloi den Impuls auf, sich in einem bestimmten Volk zu inkarnieren und dessen spezifische Sprache zu sprechen. An der Sprachbildung sind sowohl Mars- und Venus-, als auch Merkurwesen beteiligt. Wieder ist es von der Stellung Merkurs zur Sonne abhängig, ob man eine stärkere oder schwächere Beziehung zu seinem Volk hat. Rudolf Steiner sagt, daß Merkur außerdem die Möglichkeit in uns veranlagt, über Empfindungen und Begriffe oberflächlich hinwegzuflattern. Auch das ist eine wichtige Fähigkeit, denn es ist im Leben unerläßlich, daß wir uns nicht mit allem zutiefst verbinden.

Schließlich fällt in der Mondensphäre die Entscheidung, ob der Mensch sich in einem männlichen oder einem weiblichen Körper inkarniert. Auch hier muß berücksichtigt werden, wie der Mond im entscheidenden Zeitpunkt zur Sonne steht. Der Entschluß, zu welchen Eltern man will, ist schon viel früher gefallen, nämlich in der Sonnensphäre.

All diese Entschlüsse und Begabungen, die wir auf unserem nachtodlichen Weg mitbekommen, sind notwendig, damit unsere Erdenaufgabe bestmöglichst erfüllt werden kann. In der Mondsphäre wird das «karmische Päckchen», der dort zurückgelassene Teil des Astralleibes, wieder in unseren Astralleib eingewoben. Wir müssen uns während des Lebens wieder mit ihm auseinandersetzen (siehe auch Kapitel VIII über den Doppelgänger).

Kurz vor der Befruchtung wird uns noch einmal eine Vorschau des kommenden Erdenlebens gezeigt. Es kann aber passieren, daß der

Mensch dabei vor seinen Aufgaben zurückschreckt. Andererseits zieht ihn die Liebe, die er in Beziehungen früherer Erdenleben in Freiheit empfangen und gegeben hat, zu gewissen Menschen wieder hin, die er sich nun als Vater und Mutter aussucht. Diese Liebe verbindet ihn mit der Erde. Dies geht sogar so weit, daß zwei Menschen von der geistigen Welt aus zusammengeführt werden, um als Eltern die für einen bestimmten Menschen geeignete Erbmasse zu bilden. Bei der Befruchtung werden dann die ätherischen Kräfte aus dem Kosmos zusammengeholt, die seinen Ätherleib bilden.

Viele Fragen über Abtreibung, künstliche Befruchtung, Klonen usw. tun sich hier auf und natürlich auch die Frage nach der richtigen Geburtsstunde. Denn es gibt eine richtige Geburtsstunde, so wie es ja auch eine richtige, d.h. geistig richtige Todesstunde gibt. Das Geburtshoroskop ist allerdings nur ein Abbild des Lebens zwischen Tod und Geburt; es sagt vieles über die Anlagen eines Menschen aus, aber nichts über die Kraft des Ichs, mit dem der Mensch seine Anlagen im Laufe des Lebens verwandeln kann.

Rudolf Steiner schildert nun den weiteren Weg des Menschen in folgender Weise:

«Nun tritt der Mensch wieder ins Dasein. Sein Bewußtsein wird wieder ein anderes; er einnert sich nicht zurück an die Zeit zwischen Tod und neuer Geburt – und auch nicht daran, daß er die Absicht gefaßt hat, etwas auszugleichen. Aber diese Absicht sitzt in ihm. Und wenn er auch nicht weiß: ‹Du mußt dies oder das tun, um das oder jenes auszugleichen!›, so wird er doch durch die Kraft, die in ihm sitzt, zu irgendeiner Handlung hingetrieben, die einen Ausgleich bildet. Und jetzt können wir uns eine Vorstellung machen, was vor sich geht, wenn einen Menschen z.B. im zwanzigsten Jahre etwas sehr Schmerzliches trifft. Mit seinem Bewußtsein, das er hat zwischen Geburt und Tod, wird er niedergedrückt durch seinen Schmerz. Würde er sich aber daran erinnern, was er in dem Leben zwischen Tod und neuer Geburt an Absichten aufgenommen hat, dann würde er auch die Kraft spüren, die ihn hingetrieben hat an die Stelle, wo er diesen Schmerz hat erleiden können, weil er gefühlt hat, daß er den Grad von Vollkommenheit, den er sich verscherzt hat, und den er wiedererringen soll, nur dadurch wieder erreichen kann, daß er diesen Schmerz durchmacht. Wenn also auch das gewöhnliche Bewußtsein sagt: «Der Schmerz ist da; du leidest darunter!» und nur den Schmerz in der Wirkung betrachtet, so könnte doch für das Bewußtsein, welches auch die Zeit zwischen Tod und neuer Geburt überblickt, gerade das Aufsuchen des Schmerzes oder irgendeines Unglückes in der Absicht liegen.

Das stellt sich uns tatsächlich dar, wenn wir von einem höheren Gesichtspunkt aus das Menschenleben betrachten. Da können wir sehen, daß im Menschenleben Schicksalsfälle eintreten, die sich nicht darstellen als Wirkungen von Ursachen des einzelnen Lebenslaufes, sondern von Ursachen, die aus einem anderen Bewußtsein heraus erlebt sind, – nämlich aus einem solchen Bewußtsein, das jenseits der Geburt liegt, und das unser Leben fortsetzt in frühere Zeiten als diejenigen sind, die erst seit unserer Geburt abgelaufen sind. Wenn wir diesen Gedanken genau fassen, werden wir sagen: Wir haben zunächst ein Bewußtsein, das sich ausdehnt über die Zeit zwischen Geburt und Tod, und welches wir das Bewußtsein der «Einzelpersönlichkeit» nennen wollen, und wir wollen als Einzelpersönlichkeit dasjenige bezeichnen, was zwischen Geburt und Tod verläuft. Sodann sehen wir, wie ein Bewußtsein wirken kann über Geburt und Tod hinaus, von dem der Mensch in seinem gewöhnlichen Bewußtsein nichts weiß, das aber gerade so wirken kann wie dieses gewöhnliche Bewußtsein. Wir haben deshalb zunächst geschildert, wie jemand selbst ein Karma übernimmt und im vierzigsten Jahre z.B. etwas ausgleicht, damit ihn die Ursachen vom zwölften Jahre nicht treffen. Da nimmt er Karma in sein Einzelpersönlichkeit-Bewußtsein hinein. Wenn dagegen der Mensch irgendwo hingetrieben wird, wo er einen Schmerz erleiden kann, um etwas auszugleichen, um ein besserer Mensch zu werden, so kommt das auch aus dem Menschen; nur kommt es nicht aus dem Einzelpersönlichkeit-Bewußtsein, sondern aus einem umfassenderen Bewußtsein, das mitumfaßt die Zeit zwischen Tod und neuer Geburt. Dasjenige Wesen im Menschen, welches von diesem Bewußtsein umfaßt wird, wollen wir die «Individualität» des Menschen nennen;

und dieses Bewußtsein, das also fortwährend unterbrochen wird durch das Persönlichkeit-Bewußtsein, wollen wir das «individuelle Bewußtsein» nennen – im Gegensatz zum Einzelpersönlichkeit-Bewußtsein. So sehen wir Karma wirksam in Bezug auf die Individualität des Menschen.»[17]

PRAKTISCHE HINWEISE:

Durch die Arbeit an folgenden Fragen können wir uns bewußt werden, wie wir zu den verschiedenen Planetensphären stehen.

Die Mondsphäre stellt uns vor folgende Fragen:

- Welche Intentionen hatte ich im Leben, welche davon habe ich ausgeführt und welche nicht?

  Jeder kann diese Frage für sich beantworten und die Intentionen auflisten. Es geht dabei nicht um Ideen, die mir in den Kopf gekommen sind, sondern um Intentionen, die ich schon stark im Willen hatte. Ferner geht es darum, ob ich durch äußere oder innere Umstände daran gehindert wurde, sie zu erfüllen.

Die Merkursphäre stellt uns vor folgende Fragen:

- Welche Versprechungen von Mensch zu Mensch habe ich im Leben gemacht und welche habe ich nicht gehalten?

  Wieder machen wir eine Auflistung der äußeren oder inneren Gründe, die uns die Erfüllung des Versprechens ermöglicht oder verhindert haben. Dann können wir noch die Antwort auf folgende Frage auflisten:
- Welche Krankheiten habe ich wann gehabt?

Die Venussphäre stellt uns vor folgende Frage:

- Welche Beziehungen hatte ich zu religiösen Gruppen und welcher Art waren diese Beziehungen?

  Wieder machen wir eine Auflistung.

Die Sonnensphäre, in der die karmischen Verabredungen getroffen werden, die wir uns in der Kamaloka-Zeit bewußt gemacht haben, hat ja intensiv mit den Menschenbegegnungen zu tun.

Hier besteht die biographische Arbeit in folgender Aufgabe:

- Schaue dir einmal alle bisherigen Begegnungen im Leben an, unabhängig davon, ob sie Gutes oder Schlechtes bei dir bewirkt haben. Versuche, ein objektives Bild von den verschiedenen Menschen zu gewinnen!

Man wird dadurch merken, wie wir erst durch die Begegnung mit dem jeweils anderen Menschen wir selbst geworden sind. – Diese Übung empfiehlt Rudolf Steiner auch in dem Vortrag «Soziale und antisoziale Triebe im Menschen»[18] vom 12.12.1918 in Bern. Außerdem wurde diese Übung bereits im Buch «Das Leben in die Hand nehmen» im Kapitel Methodik und wiederum in dem Spezialkapitel über die Sonnensphäre angesprochen.

In einem Biographiekurs können wir jeweils innerhalb von drei Tagen einen Austausch über diese Fragen in einer kleinen Gruppe vornehmen. Als künstlerische Arbeit kann mit Aquarellfarben das gesamte Panorama der Lebenslandschaft gemalt werden. Zur Landschaft gehören auch Häuser, in denen wir gelebt, gelernt und gearbeitet haben. Vorerst sollten aber im Bild keine Menschen oder Menschenbegegnungen und auch nicht der Malende selbst erscheinen. Arbeiten wir methodisch in einem Biographievertiefungskurs, wo es um die Planetensphären und das Karma geht, so rate ich den Teilnehmern, die verschiedenen Elemente zeitlich einzuordnen und die Zeittafel nicht vertikal, sondern horizontal anzufertigen:

	0	7	14	21	28	35	42	usw.
Intentionen (Mond)								
Versprechungen (Merkur)								
Krankheiten (Merkur)								
Religiöses (Venus)								
Weiteres (z.B. Begegnungen, Tätigkeiten usw.)								

Hat man sich so mit den untersonnigen Planeten und ihrem Verhältnis zur eigenen Biographie beschäftigt, kann man zu Mars, Jupiter und Saturn weitergehen.

Aus den drei Sphären von Mars, Jupiter und Saturn, also aus der Richtung der obersonnigen Planeten, ergeben sich nun die folgenden biographischen Aufgaben:

- Liste alle deine Tätigkeiten auf, die du mit besonderer Freude im Leben ausgeführt hast, bezüglich derer du Lust, Enthusiasmus und Interesse verspürt hast. Beginne mit dem ersten und zweiten Jahrsiebt; welche Spiele waren dir damals besonders lieb? Was hat dir daran solchen Spaß gemacht? War es die Bewegung? War es das Zusammensein mit anderen Kindern, oder die Freude daran, daß du immer gewonnen hast? Oder daran, daß du Anführer sein durftest? Es können Begebenheiten aus der Schule oder, was die späteren Jahre betrifft, vom Arbeitsplatz oder aus dem Haushalt usw. sein.
- Erstelle wieder einen horizontalen Zeitplan und ordne deine Aufzeichnungen in ihn ein. Nachdem diese Arbeit gemacht ist, schau nach, ob du gemeinsame Elemente in den Beispielen findest, oder ob eine besondere Qualität wie z.B. das Soziale oder die Führerschaft mehrfach auftritt. Abschließend stelle dir die Frage: Kannst du in der Folge der Ereignisse einen roten Faden finden?

Weitere Fragen, an denen man arbeiten kann, sind folgende:

- Zähle Ereignisse und Situationen in deinem Leben auf, die sich wiederholen.
- Wie gehe ich mit Widerständen und Hindernissen im Leben um?
- Welche Begabungen und Talente habe ich im Leben angewandt, welche blieben brach liegen?
- Welche neuen Fähigkeiten habe ich erworben?
- Über welche Fähigkeiten und Begabungen verfüge ich überhaupt nicht?
- Habe ich meine Lebensaufgabe gefunden?
- Welches sind meine Zukunftsziele?

Man kann die Anzahl dieser Fragen noch erweitern. Die oben Angeführten geben jedoch schon ein gutes Bild davon, wie es mit den Kräften der obersonnigen Planeten steht und was ich noch entwikkeln muß.

Nun trage ich auf meinem gemalten Lebenspanorama meine Lieblingsaktivitäten ein; vielleicht zeichne ich auch Begegnungen in Form von Pflanzen ein. Danach tausche ich mich mit einem Gruppenkollegen aus. Zuletzt male ich noch mein Zukunftsbild, in dem auch das enthalten ist, was ich mir eigentlich noch mehr erarbeiten muß. Sind es Saturn- oder Jupiter oder Mars-Qualitäten? Wie könnte ich diese Qualitäten in Zukunft noch besser üben? Hierbei ist die Gruppe stets eine Hilfe, weil sie viel zurückspiegeln kann.

Wenn wir das Leben betrachten, so können wir feststellen, daß wir aus Umwandlungsprozessen früherer Erdenleben unsere Begabungen, Potentialitäten und Genialitäten mitbringen. Es stellt sich aber auch die Frage, ob uns das Leben Gelegenheit gewährt, diese Begabungen zur Entfaltung zu bringen. – Es sind mitgebrachte Geschenke, die wir auf Erden wirksam machen können für die Menschheit und für die Erde.

Andererseits haben wir im Leben vieles zu lernen, das gänzlich neu an uns herantritt. Der Mensch ist vielseitig lern- und entwicklungsfähig. Was wir neu entwickeln geht nicht verloren. Auch dann nicht, wenn es uns nicht immer gelingt, was wir entwickelt haben, bis zur Vollkommenheit zu führen. Solche Bemühungen bringen uns gerade das Element, das als neue Begabung im Leben nach dem Tod sich entfalten wird.

Aus der Vergangenheit stammende alte Begabungen sind ein Geschenk an die Menschheit. Die Schwierigkeiten, die wir beim Erwerben von neuen Fertigkeiten haben, bilden sich um in Fähigkeiten für die Zukunft. Der Mensch steht mit seinem Schicksal immer in der Gegenwart, in der Mitte zwischen Vergangenheit und Zukunft, d.h. sowohl die Zukunft als auch die Vergangenheit spielen in die Gegenwart herein. Schauen wir uns unsere Fähigkeiten und Begabungen an, so ist es interessant zu sehen, was mitgebracht wurde und was bereits in diesem Leben als Fähigkeit, möglicherweise von Hindernissen begleitet und durch Notwendigkeiten erzwungen, erworben worden ist. Vielleicht kann jedes zu überwindende Hindernis eine neue Fähigkeit zutage fördern.

Bei dem eben Besprochenen handelt es sich um eine geistige Gesetzmäßigkeit, von der Rudolf Steiner in seinen Vorträgen immer wieder gehandelt hat. Diese Gesetzmäßigkeit funktioniert in folgender Weise: Das, was sich in einem Leben im Seelischen manifestiert, wird nachtodlich in einen Lernprozess aufgenommen und verankert sich schon im nächsten Leben als Begabung oder als natürliche Fähigkeit im Ätherleib. In einer dritten Inkarnation metamorphosiert sich die Begabung bis ins Physische. Ihre Kräfte arbeiten dann an der Bildung der physischen Organe.

Wir hatten ja die Frage gestellt: Über welche Fähigkeiten und Begabungen verfüge ich überhaupt nicht? – Im Sinne Rudolf Steiners kann man hierzu sagen: «Wahrscheinlich hast du diese fehlende Begabung schon in vorigen Erdenleben besessen und ausgelebt, und nun ist sie in die Organbildung übergegangen. Jetzt hast du durch sie eine gute Leber, eine kräftige Konstituition bekommen, usw.»

Durch solche Aufgabenstellungen und Fragen kommen wir unserem Schicksal, unserem Karma auf die Spur. Man kann diese Arbeit durch Übungen und Fragen vertiefen, die Rudolf Steiner in den folgenden Büchern angibt: Wiederverkörperung und Karma, GA 135; Die Offenbarung des Karma, GA 120; Esoterische Betrachtungen karmischer Zusammenhänge, sechs Bände, hauptsächlich Band II, GA 236.[19]

Menschen, die besonders von einer bestimmten Planetensphäre geprägt sind, tragen auch besondere Charakteristika an sich, die sich in ihrem Seelenleben spiegeln. Diese werden hauptsächlich im dritten Jahrsiebt sichtbar, wenn der Seelenleib (Astralleib) geboren wird. – Wir nennen sie die Planetenqualitäten. Sie prägen unsere Haltungen und Einstellungen zum Leben.

Im ersten Jahrsiebt findet also die Bildung der physischen Konstitution, d.h. die Umwandlung des physisch vererbten Leibes statt. Im zweiten Jahrsiebt ereignet sich die Bildung des Temperamentes. Die vier Kräfte der Elemente in ihrer Verwandschaft mit den Temperamenten drücken sich im Ätherleib aus. Ab dem dritten Jahrsiebt werden die sieben Planetenqualitäten im Astralleib sichtbar. – So wie jeder von uns etwas von den vier Temperamenten in sich trägt, so hat auch jeder von uns etwas von den sieben Planetenqualitäten in seiner Seele. Insgesamt kommt es darauf an, je nach Situation den richtigen Planetenton im richtigen Moment zum Klingen zu bringen. Diese mitgebrachten Qualitäten können im Laufe des Lebens durch unser Ich verwandelt werden. Dabei können Einseitigkeiten ausgeglichen und Fehlendes neu entwickelt werden. Unser Ich wird zum Dirigenten unserer Lebensmusik. Im XI. Kapitel wenden wir uns ausführlich den sieben Planetenqualitäten zu.

Im vierten Jahrsiebt beginnen sich die Tierkreiskräfte als Zwölfheit immer mehr im Menschen zu zeigen.

Das Ergebenheitsgebet

Was auch kommt, was mir auch die nächste Stunde, der nächste Tag bringen mag: Ich kann es zunächst, wenn es mir ganz unbekannt ist, durch keine Furcht ändern. Ich erwarte es mit vollkommenster innerer Seelenruhe, mit vollkommener Meeresstille des Gemütes.

Durch Angst und Furcht wird unsere Entwicklung gehemmt; wir weisen durch die Wellen der Furcht und Angst zurück, was in unsere Seele aus der Zukunft herein will.

Die Hingabe an das, was man göttliche Weisheit in den Ereignissen nennt, die Gewißheit, daß das, was da kommen wird, sein muß, und daß es auch nach irgendeiner Richtung seine guten Wirkungen haben müßte, das Hervorrufen dieser Stimmung in Worten, in Empfindungen, in Ideen, das ist die Stimmung des Ergebenheitsgebetes.

Es gehört zu dem, was wir in dieser Zeit lernen müssen:

Aus reinem Vertrauen zu leben, ohne Daseinssicherung, aus dem Vertrauen auf die immer gegenwärtige Hilfe der geistigen Welt. Wahrhaftig, anders geht es heute nicht, wenn der Mut nicht sinken soll.

Nehmen wir unseren Willen gehörig in Zucht und suchen wir die Erweckung von innen jeden Morgen und jeden Abend.

Rudolf Steiner[20]

Morgens

O Michael, Deinem Schutze empfehle ich mich,
Deiner Führung verbinde ich mich
aus ganzer Herzenskraft,
daß dieser Tag Abbild werden möge
Deines Schicksal ordnenden Willens.

Abends

Ich trage mein Leid in die sinkende Sonne,
lege all meine Sorgen in ihren leuchtenden Schoß;
in Liebe geläutert,
im Lichte gewandelt,
kehren sie wieder als helfende Gedanken
als Kraft zu opferfreudigen Taten.

Adolf Arenson (zugeschrieben)[21]

VII. Wie können wir eine Beziehung zu den geistigen Hierarchien bekommen und bewußt durch die Planetensphären schreiten?

Rudolf Steiner zeigt uns den Zusammenhang der verschiedenen Lebensphasen mit den verschiedenen Planetensphären. Er teilt dabei die Lebensphasen in Jahrsiebte ein.[22] Schauen wir auf unser Leben zurück, teilen dieses in entsprechender Weise in Jahrsiebte und blicken auf ihren Zusammenhang mit den Planetensphären, so können wir ein Gefühl für die Hierarchien entwickeln.

+ ☽ + ☿ + ♀ + ☉ + ♂ + ♃ + ♄ +

0 7 14 21 42 49 56 63

Eine ausführliche Übersicht bietet Schema 1 auf der dem Buch beigefügten Falttafel. Um das Wesen eines Jahrsiebts zu verstehen, so Rudolf Steiner, muß man mindestens sieben Jahre auf das entsprechende Jahrsiebt zurückblicken können. So hat man beispielsweise mit 56 Jahren gute Voraussetzungen, um das Jahrsiebt von 42-49 zu verstehen. Das zunehmende Alter bildet geistige Organe, mit denen man das zurückliegende Leben erst richtig verstehen und erfassen und somit die Beziehung zu der jeweiligen Hierarchie erkennen kann. Kennen wir die Planetenqualitäten, so wird leicht ersichtlich, warum diese Lebensabschnitte den jeweiligen Planeten zugeordnet sind.

Von 0-7 haben wir es mit intensiven Wachstumsprozessen zu tun. Es herrschen die Vererbungskräfte, ein neuer Leib muß sich formen. Sowohl in den Wachstums- als auch in den Vererbungskräften walten die Mondkräfte. Seit Alters her wurde die Befruchtung von den Mondgöttern oder -göttinnen geleitet (z.B. von Ishtar, Isis oder Artemisia). Auch das Nervensystem wird durch die Mondkräfte geformt, so daß dieses zu einem Spiegel der kosmischen Gedanken werden kann. Wir werden in die Familie und zu den Eltern getrieben, die uns als Instrument für die Gestaltung unseres Schicksals die beste Erbmasse und damit die für uns geeignete Konstitution liefern. Der Erzengel Gabriel wird stets mit einer Lilie dargestellt. Die Lilie ist ein Zwiebelgewächs, also eine Mondpflanze, die noch nicht richtig erdverbunden ist. Dieser Erzengel ist der Wächter am Tor der Geburt – der Engel der Verkündigung.

Von 7-14 steht der Mensch unter der Wirkung Merkurs. Merkur ist verbunden mit den Heilkräften und Heilgöttern. Das rhythmische System, das zwischen dem oberen Bereich, dem Nerven-Sinnessystem und dem unteren Bereich des Stoffwechsel-Gliedmaßensystems ausgleicht, steht im Mittelpunkt der Merkurwirksamkeit. Dieses Jahrsiebt ist die gesündeste Zeit im Leben. Säfte werden in Bewegung gesetzt, die Blutzirkulation, die Lunge und das Lymphdrüsensystem werden angeregt. Merkur bringt Bewegung, so daß nichts stagniert. Ein gesundes Kind ist im zweiten Jahrsiebt in ständiger Bewegung, sowohl mit seinen Gliedmaßen als auch in seiner Seele. Innen- und Außenwelt befinden sich in rhythmischen Schwingungen. Spiel und Arbeit, Schlafen und Wachsein sind im ausgeglichenen Zeitenrhythmus aufeinander bezogen.

Die Merkurgötter sind Heilgötter – man denke an Hermes, Merkur und Eskulapius sowie an den Erzengel Raffael, der den Menschen zur Seite steht. Wir sind im Bereich des Ätherleibes. Die Substanzen sind hier dem Auflösenden und Flüssigen ausgesetzt.

Von 14-21 steht der Mensch nun unter dem Einfluß der Venuskräfte, dem Bereich der Ernährungskräfte, der Aufnahme und Ausscheidung. Die Substanzen, die aufgenommen werden, werden durch diesen Einfluß durchseelt und astralisiert. Es ist die Zeit der Geschlechtsreife, der Geschlechtertrennung, des Selbständigwerdens der eigenen Seele. Die Liebeskräfte im Menschen wachen in diesem Alter auf; damit verbunden ist das Interesse und die Liebe zu der ganzen Welt; die Geschlechtsliebe ist hiervon nur ein Teil. Ideale und Idealbilder leuchten auf und äußern sich in Anschauungen und religiösen Empfindungen. Die Venusgöttin Aphrodite verkörpert Schönheit und Liebe.

Nunmehr kommen wir zur Sonnensphäre. Unter ihrem Einfluß stehen die Jahre von 21-42. Dies ist die Zeit der Seelenentwicklung, die besonders unter der Wirkung der zweiten Hierarchie steht. Es findet die Entfaltung der Empfindungsseele, der Verstandes- oder Gemütsseele und der Bewußtseinsseele statt.

Der Mensch entfaltet sich seelisch an der Begegnung mit anderen Menschen. In dieser Zeitspanne verwirklicht er auf Erden seine karmischen Verabredungen. Da wird die Seele zum Edelstein geschliffen, der dann immer stärker das geistige Licht spiegeln kann.

Von 42-49 ist die Marsphase, in der die karmische Verwirklichung ihren Höhepunkt errreicht. Mars hilft uns, mit Kraft und Mut unser Ziel zu erreichen. Durch das Loslösen der Kräfte aus den Systemen des Stoffwechsels und der Gliedmaßen entwickeln wir neue Arten von Kreativität. Dazu müssen unsere «aggressiven Fähigkeiten» aber nicht nur nach außen, sondern auch nach innen gerichtet sein. Es gilt, die eigenen Leidenschaften zu bekämpfen. Rudolf Steiner nennt das «Anti-Mars-Kräfte entwickeln». Zwei Göttergestalten offenbaren ihre Geheimnisse: Ares-Mars, der Kämpfer, der Kriegsgott, der nach außen wirkt, und Hephaistos, der Schmiedegott, der seine innere Werkstatt anfeuert, um neue Arten von Kreativität zu entwickeln.

In der Phase von 49-56 wirken die Jupiterkräfte ordnend, harmonisierend und ausgleichend auf unsere Biographie. Wir haben eine Überschau über unser Leben erreicht und können nun weisheitsvoll unser Schicksal gestalten. Durch die Harmonie zwischen außen und innen wird es möglich, einen unserem Alter entsprechenden neuen Rhythmus zu finden, einen neuen Stil der Führerschaft zu entwickeln, so daß der Mensch lernt, seine Arbeit mehr und mehr anderen zu übertragen und dabei auch ertragen kann, wenn diese Fehler machen. Hier ist Zeus der Herrscher, der auch zum gefährlichen «Allherrscher» werden kann. Seine Verbindung mit vielen Frauen hat keine moralische Bedeutung, sie ist Ausdruck der Seele, die vielfältige Verbindungen eingeht. Dies entspricht auch den vielfältigen physiologischen Verbindungen, die sich im Leberbereich, dem Bereich des Jupiterorgans, abspielen.

Die Phase von 56-63 ist die Saturnphase, in der sich der Alterungsprozeß in starken Sklerotisierungsprozessen im Leib zum Ausdruck bringt; deshalb wird der Saturngott Chronos als Skelett dargestellt und mit einer Sense ausgestattet, die die reifen Früchte des Lebens ernten möchte. Die Geistigkeit ist nunmehr ganz nach innen gekehrt, so wie das rote Knochenmark im Innersten der harten Knochen. Hier muß Hestia das Herdfeuer der Spiritualität hüten, damit es nicht verlöscht, und der Mensch in die nächsten Jahre die heilige Flamme seines Lebens mitnehmen kann, da dann die Planetenkräfte ihm nicht mehr auf dem weiteren Lebensweg helfen können. Die Selbsterkenntnis des Saturns bringt die Frage mit sich: Habe ich meine Lebensziele erreicht? Was habe ich aus geistigen Höhen für Entschlüsse auf die Erde mitgebracht? – Immer wieder ermöglicht es mir die Saturnkraft auf Erden, mich an meine geistigen Vorhaben zu erinnern.

In jedem Jahrsiebt wirken auch die polar entgegengesetzten Planetenkräfte auf uns, beispielsweise in der Venuszeit der Mars. Diese Urpolarität ist ja auch in dem Gegensatz vom Männlichen und Weiblichen vorhanden. Die entgegengesetzte Kraft zum Merkuriellen sind die formenden und gestaltenden Jupiterkräfte; dem Mondhaften ist das tötende, mineralisierende, bewußtseinserweckende Prinzip des Saturn entgegengesetzt. So muß im ersten Jahrsiebt das Wachsende und Wässrige durch das Mineralisierende und Verhärtende sein Gleichgewicht finden. Wenn allerdings eine zu starke Mineralisierung bereits im ersten Jahrsiebt stattfindet, spiegelt sich das in einer zu starken Sklerotisierung im Alter.

Es gibt noch einen anderen Weg, um die Beziehung zu den Hierarchien zu pflegen. (Bevor wir darauf eingehen, sei erwähnt, daß ein dritter Weg in Verbindung mit dem Bewußtsein von den Metallen in Rudolf Steiners Zyklus «Das Initiatenbewußtsein» angegeben ist)[23]. An dieser Stelle knüpfen wir an einen Hinweis Rudolf Steiners aus dem Zyklus «Das Leben zwischen Tod und neuer Geburt»[24] an. Die Kamalokazeit verbringt der Verstorbene in der Mondensphäre. Eine Tugend, die er auf der Erde entwickeln kann und die ihm den Zugang zu den Mondwesenheiten eröffnet, ist die Entsagung. Je nachdem, mit was für einer moralischen Disposition der Mensch aus der Mondensphäre in die Merkursphäre eintritt, wird er in Geselligkeit mit den geistigen Wesenheiten der Merkursphäre kommen oder isoliert bleiben und sich wie in einem Gefängnis fühlen. Die Vereinsamung in der Merkursphäre ist das Resultat eines unmoralischen Lebens auf Erden. Das Erleiden von physischen oder seelischen Qualen oder eines gewaltsamen Todes (z.B. der eines Ketzers) macht uns für die Merkurwesen besonders empfänglich, so daß wir im nächsten Leben mit heilerischen Kräften begabt werden. Die Tugend, die mir diese Sphäre eröffnet, ist das Mitleid.

Die religiöse Disposition der Seele bringt uns in die Venussphäre. Treten wir in eine besondere Beziehung zu den Venuswesen, werden wir offene Menschen, zugänglich, nicht verbittert und nicht überempfindlich. Alles was religiöse Gefühle in der Seele sind, Verehrung, Devotion und Andacht, hilft uns, mit den Venuswesenheiten in Beziehung zu treten.

Für die Sonnensphäre braucht die Seele eine menschheitliche Veranlagung. Dabei geht es nicht um das Persönliche, sondern darum, was die Menschheit benötigt. Es geht darum, eine Beziehung zur gesamten Menschheit zu finden. Dann kann man z.B. die Bereitschaft entwickeln, auch andere religiöse Bekenntnisse aus tiefstem Herzen zu akzeptieren. Wir können auch einfach sagen: Man muß hier für die Menschheit beten können.

In der Marssphäre müssen wir gelernt haben, auch mit unseren Feinden zu arbeiten. Die Überwindung unserer inneren Abneigungen, die Fähigkeit, ohne Vorbehalte dem anderen gegenüber treten zu können, Empathie, all dies öffnet unsere Seele für den Geist der Marswesen.

Für die Jupitersphäre ist es nötig, Toleranz für fremde Religionen zu entwickeln. Man muß sich hier so weit entwickeln, daß man seiner eigenen Religion entsagen kann; man muß sich frei von der Vergangenheit machen und bereit sein, in der nächsten Inkarnation eine neue Religion zu wählen. Dadurch kann man mit sich und der Welt in Harmonie kommen.

Um in die Saturnssphäre zu gelangen und sich dem Geist der Liebe ganz öffnen zu können, bedarf es der Selbsterkenntnis und Selbstkritik. Ab der Marssphäre wird es immer schwieriger, die nötigen Vorbedingungen für den Eintritt in die höheren geistigen Gebiete zu erlangen. Einige Seelen beginnen schon hier die Rückwanderung, um sich auf Erden erneut die hierfür notwendigen Kräfte zu holen. Ich möchte nun noch einen möglichen anderen Weg des Zugangs zu den Planetenwirksamkeiten erwähnen. Was dabei auf den ersten Blick wie ein Widerspruch zu schon Gesagtem erscheinen kann, stimmt doch damit überein, dennn bei geistigen Zusammenhängen gibt es immer verschiedene Aspekte einer Sache, die doch jeder für sich richtig sind.

In dem Vortrag Rudolf Steiners vom 4.3.1907[25] finden wir eine Zuordnung der verschiedenen Jahrsiebte zu den Planeten, aber diesmal mit Bezug auf die verschiedenen Verkörperungen der Erde, wie sie z.B. in der «Geheimwissenschaft» von Rudolf Steiner beschrieben werden. Die dort geschilderte Evolution der Erde geht aus von dem Saturnstadium, in dem die Anlagen unseres physischen Leibes gebildet werden. Im Sonnenstadium wird dem physischen Leib der Ätherleib eingegliedert und in der folgenden Mondphase der Astralleib. Die anschließende Erdenphase gliedert sich in zwei Hälften. Die erste ist die Marsphase, die zweite ist die Merkurphase. In letzterer befinden wir uns heute. In der Marsphase wurde mit Hilfe des Blutkreislaufes die Basis für die Eingliederung des Ich geschaffen. In der Merkurphase gehen wir schrittweise einer Vergeistigung der Erde entgegen, die in Zukunft zu der Jupiter- und Venusphase füren wird. Auf diesen Stufen weden die höheren Wesensglieder des Menschen durch die Arbeit des Ich an seinen Hüllen entwickelt werden.

Auf unseren Lebenslauf bezogen entspricht das erste Jahrsiebt der Saturnphase. Hier konstituiert sich besonders der physische Leib. Das zweite Jahrsiebt, in dem sich vor allem der individuelle Ätherleib entwickelt, entspricht der Sonnenphase. Die Bildung des individuellen Astralleibes im dritten Jahrsiebt entspricht der Mondphase. Die Zeit vom 21. bis 28. Jahr, in der wir uns in der Welt behaupten müssen, ist die Marsphase. Dann folgt die Merkurphase, die mit 35 Jahren ihren Höhepunkt erreicht. Die Seele befreit sich in dieser Zeit immer mehr vom Leib, so daß die Individualität der Freiheit entgegenschreiten kann. Diese Phase dauert vom 28. bis zum 49. Lebensjahr. Die Jahre von 49-63 entsprechen der Jupiterphase. Die Freiheit der Seele, die ja immer mit Weisheit verbunden ist, kann sich hier weiter steigern. Die Zeit ab 63 entspricht der Venusphase. In diesen Jahren können wir allen Egoismus überwinden und uns ganz der Liebe zur Welt hingeben. Diese Zeitlich-evolutionsbezogene Zuordnung der Planeten unterscheidet sich deutlich von dem mehr räumlichen Aspekt der Planetensphären. Wir finden diese Zuordnung auch in der Reihenfolge der Wochentage.

Außer den dem Menschen gut gesinnten geistigen Wesenheiten, die ihm bei seiner Entwicklung helfen wollen, gibt es auch andere Wesen, bei denen das nicht der Fall ist. Diese Widersachermächte spielen eine bedeutende Rolle für den Menschen. Die sogenannten ahrimanischen Kräfte wollen ihn an die Erde binden, um dort mit ihm ein eigenes Reich aufzubauen, so daß er nicht den geistigen Entwicklungsweg einschlägt. Es ist der Materialismus, der den Menschen vollkommen an die Erde bindet. Durch ihn bekommen die ahrimanischen Wesen Zugang zum Menschen.

Die luziferischen Kräfte dagegen helfen dem Menschen zunächst dabei, im nachtodlichen Leben von der Sonne aufwärts zu kommen, treten dann aber zur Weltenmitternachtsstunde an den Menschen heran, um ihn in noch fernere geistige Höhen zu locken. Sie wollen ihn dazu verführen, nicht auf die Erde zurückzukehren und nie mehr einen Erdenleib anzunehmen.

Christus hält das Gleichgewicht zwischen Ahriman und Luzifer. Menschen, die auf Erden Christus in ihrer Seele erlebt haben, und zwar unabhängig von ihrer Konfession, werden nach dem Tod von ihm empfangen und in die Sonnensphäre geleitet. Rudolf Steiner beschreibt in diesem Zusammenhang ein erschütterndes Bild: Wenn wir in die Sonnensphäre gelangen, erleben wir zwei Throne. Auf dem einen sitzt Luzifer; auf dem anderen sehen wir, wenn wir auf Erden eine Christusbegegnung hatten, das geistige Bild des Christus.

Es ist der Erzengel Uriel, der uns am Lebensende an der Todespforte empfängt. Hinter ihm steht der Christus; denn die vier Erzengel, die auch für den Jahreslauf verantwortlich sind[26], begleiten uns durch unseren Lebenslauf: Gabriel steht am Anfang. Seite an Seite mit dem Menschen; das Therapeutische inspirierend, finden wir Raffael ab dem zweiten Jahrsiebt. Uns Mut einflößend für den Lebenslauf begleitet uns Michael ab dem 14. Lebensjahr bis zum Lebensende. Uriel schließlich steht am Ende des Lebens.

Da wir uns in einem Zeitalter befinden, in dem Michael der Zeitgeist ist, können wir unsere Taten, unser Fühlen und unser Denken mit seiner Kraft besonders gut verbinden. Dies ist aber nur durch geistige Aktivität zu erreichen und nicht durch ein passives Erwarten. – So kann die Meditation vom Anfang dieses Kapitels eine Hilfe in jeder Lebenssituation werden.

Sag, was will das Schicksal uns bereiten?
Sag, wie band es uns so rein genau?
Ach, du warst in abgelebten Zeiten
Meine Schwester oder meine Frau …

Und von allem dem schwebte ein Erinnern
Nur noch um das ungewisse Herz,
Fühlt die alte Wahrheit ewig gleich im Innern,
Und der neue Zustand wird ihm Schmerz.

Johann Wolfgang von Goethe

VIII. Die Sonnensphäre – unsere menschlichen Begegnungen. Das Problem des Doppelgängers anhand von zwei Märchen

Es sei hier noch einmal auf die Übung hingewiesen, die wir zur Verarbeitung unserer Begegnungen machen können. Schauen wir uns die verschiedenen Begegnungen im Laufe der Jahrsiebte an. Es ist nicht einfach, dabei zu einer Objektivierung zu gelangen, verführt der erste Eindruck doch meist zu der Frage, ob dieser Mensch uns Gutes oder Schlechtes angetan hat oder ob er positiv oder negativ für unsere Entwicklung war. Man wird aber bald feststellen, daß das, was damals subjektiv als positiv empfunden worden war, von einer späteren Warte aus betrachtet gar nicht mehr so gut sein muß und umgekehrt. So kann es auch sein, daß wir einen uns früher zugefügten Schmerz später als positiv und hilfreich ansehen können. Die Übung sollte so vorgenommen werden, daß wir versuchen, den betreffenden Menschen völlig neutral vor uns hinzustellen, d.h. unabhängig von Urteilen über «gut» oder «böse», unabhängig von Sympathie oder Antipathie. Das mag uns erst nach einiger Übung gelingen. Als Hilfe gibt es beispielsweise die Möglichkeit, daß der Betreffende die Begegnung mit diesem oder jenem Menschen modelliert, um sie dadurch hinterher besser anschauen zu können. Entsprechende Wirkungen erzielt man mit dem Malen, wenn wir die Menschen in unserem gemalten Lebenspanorama als Pflanzen darstellen. Da entstehen Tannen, Eichen, Birken, Veilchen, Rosen, Kakteen usw. Man hat in der Pflanzenwelt das Empfinden, daß jede Pflanze an ihrem richtigen Platz steht und dort ihre Wesenheit und Schönheit offenbart. So ist es auch auf unserem Bild: Ein Kaktus ist nicht schlechter als eine Lilie oder ein Veilchen, sondern offenbart seine eigene Wesenheit in der ihm angemessenen Form.

Ferner erlebt man dabei, daß sich die Beziehung zu jedem Menschen auf eine jeweils andere Art und Weise vollzieht. Wir können dabei versuchen, verschiedene Ebenen der Begegnung zu finden, solche rein physischer, mehr seelischer und oder mehr geistiger Art.

Wir wollen aber auch noch andere Kriterien wie z.B familiäre Beziehungen, berufliche Beziehungen, freundschaftliche Beziehungen und intime Beziehungen hinzunehmen. Schauen wir uns die gegenwärtige Situation an, so können wir ein Kosmogramm erstellen, so wie wir es im Buch «Das Leben in die Hand nehmen» auf Seite 191 beschrieben haben. In diesem Kosmogramm zeichnen wir die uns näherstehenden Menschen in näherem Abstand zu uns und die weiterstehenden weiter von uns entfernt ein. Jetzt haben wir die Vergangenheit und die Gegenwart im Bilde vor uns und können uns fragen: Wo habe ich das Gefühl, stets etwas schuldig geblieben zu sein? Oder: Wo habe ich das Bedürfnis, im jetzigen Leben noch etwas in Ordnung zu bringen?

Ein solche Arbeit ist sehr befreiend. Selbst wenn wir nicht mehr die Möglichkeit haben, dem betreffenden Menschen erneut zu begegnen oder ihn direkt zu erreichen, können wir schriftlich mit ihm kontaktieren. Wir können ihm einen Brief schreiben, der dann abgeschickt wird oder auch nicht. Häufig erweist sich eine Begegnung dann doch noch als möglich, z.B. kurz vor dem Tode oder eventuell während einer Krankheitsperiode.

Bei jeder Begegnung kommt uns vom anderen Menschen etwas entgegen. Zunächst die physische Erscheinung, dann das Seelische, welches in Sympathie, Antipathie oder Gleichgültigkeit sich äußert, und schließlich das Geistige. Beim Seelischen spiegeln wir uns zunächst selbst in der Seele des anderen; Projektionen, Spiegelungen und Idealbilder spielen hier eine wichtige Rolle und es braucht eine gewisse Zeit, bis man den anderen annähernd so wahrnimmt, wie er wirklich ist.

Eine andere Qualität hat demgegenüber die geistige Begegnung. Rudolf Steiner gibt uns hierzu wieder einige Hinweise im Vortrag vom 6. Februar 1924 in Stuttgart.[27] Erleben wir in einer Begegnung eine Art Erschütterung, die sowohl positiver als auch negativer Art sein kann, und kommt dabei ein Gefühl herauf, das sagt «ich kenne dich schon lange», so hat dies meistens mit einem früheren Karma zu tun. Wir sprechen dann von einer «karmischen» Begegnung. Das Erlebnis einer Menschenbegegnung, vielleicht nur während einiger Sekunden, kann uns diesen Menschen in seiner vollen Essenz zeigen. Das Göttliche kann ihn einen Augenblick lang durchstrahlen und uns zutiefst berühren. Wir erleben dies als Gnade, als Geschenk. Wollen wir einem anderen von diesem Menschen erzählen, so können wir das meist nur in einer Form tun, die ein objektives Identifizieren des Betreffenden kaum zuläßt, war doch die Wirkung eine ganz persönlich erlebte.

Bei anderen Menschenbegegnungen dagegen können wir ohne Mühe ganz objektiv die Erscheinung dieses Menschen beschreiben. Wir beschreiben wie er aussieht, was er anhat, was er studiert hat usw. In diesem Fall ist die Person schnell identifiziert. Es handelt sich dann um eine neue Begegnung. Rudolf Steiner beschreibt außerdem, daß, wenn wir hellsichtig wären, wir bei dem ersten Menschen eine Reihe von früheren Inkarnationen sehen und bei der zweiten Art der Begegnung des Engels der betreffenden Person ansichtig würden.

Was geht bei der ersten Art der Begegnung, die wir eine «karmische» genannt haben, vor sich? Wir können sagen, daß der Moment der Begegnung in diesem Fall durch das Karma herbeigeführt wurde. Das Karma veranlaßt das Zusammentreffen von zwei Menschen an einem bestimmten Ort und zu einem bestimmten Zeitpunkt. Man kann die Wege jedes einzelnen bis zu diesem Punkt verfolgen und feststellen: sie mußten sich treffen! Mit dem Augenblick der Begegnung beginnt aber der sogenannte Freiheitsmoment. Es liegt an uns, was wir aus dieser Begegnung machen. Deshalb sollte man sich nach einer Begegnung immer wieder fragen: Was hatte diese Begegnung für eine Bedeutung, was will sie von mir? Soll zum Beispiel eine Freundschaft daraus entstehen? Will sich eine Berufsbeziehung entwickeln? Was können wir gemeinsam aufbauen?

Rudolf Steiner vergleicht das Unbewußte, durch das zwei Menschen in der Vergangenheit zusammengeführt worden sind, mit einer Mond-Nachtqualität. Dann kommt der neue Moment, der Gegenwartsmoment, der bewußt ergriffen werden sollte und der im Zeichen der Sonnenqualität steht. Von diesem Gegenwartsmoment ausgehend wird das zukünftige Karma gestaltet. Johann Wolfgang von Goethe sagte: «Nur der Augenblick entscheidet über das Leben des Menschen und über sein ganzes Geschick.» Es ist also nicht durch mein Karma festgelegt, mit diesem oder jenem Menschen zusammen zu arbeiten, ihn geheiratet zu haben oder nicht; dahinter steht jeweils meine freie Entschlußmöglichkeit, und es hängt von mir ab, was ich in der einzelnen Situation daraus mache. Wir schreiten in der Begegnung von dem Tor des Mondes durch das Tor der Sonne, wie Rudolf Steiner es nennt.

In einer langwährenden Beziehung passiert es natürlich häufig, daß Altes, was vom Bewußtsein aus gesehen im Schatten der Nacht stand, mit hineinspielt in das, was jetzt unter dem Tor der Sonne steht. Die Sonne verfinstert sich immer wieder. Es kommt zur Konfrontation mit unserem Schatten und mit dem Schatten des Mitmenschen. Bevor wir aber in dieses Thema einsteigen, schauen wir uns an, was Rudolf Steiner uns zu dem Thema «Treue» zu sagen hat:

«Über die Treue», aus einem Brief von Rudolf Steiner:

«An dem anderen Menschen werden Sie Augenblicke erleben – schnell dahingehende; da wird er Ihnen erscheinen wie erfüllt, wie durchleuchtet vom Urbild seines Geistes. Und dann können, ja, dann werden lange andere Zeiten kommen, da verdüstern sich die Menschen. Sie aber sollen lernen in solchen Zeiten zu sagen: Der Geist macht mich stark; ich denke an das Urbild, ich sah es doch einmal, kein Trug, kein Schein raubt es mir. Ringen Sie immer um das Bild, das Sie sahen. Dieses Ringen ist Treue. Und so nach Treue strebend wird der Mensch dem Menschen wie mit Engelhüterkräften nahe sein.»[28]

Treue wird hier in einem viel weiteren Sinne verstanden als es normalerweise üblich ist. Den damit verbundenen Moment des Schauens des Wesens des anderen Menschen nennt R. Assagioli «peak experience». Diese Augenblicke entstehen als Geschenk, als Gnade und sie sind selten im Leben. Man hält es auf dieser Höhe auch gar nicht lange aus. Wir können solche Augenblicke nicht planen. Man kann aber eine vorbereitende seelische Disposition schaffen. In der Hetze des Alltags wird das allerdings immer schwieriger. Solche Momente der Gnade berühren unser eigenes Ich tief, wir erleben das Göttliche in dem anderen, wir fühlen uns aber auch in unserem eigenen Göttlichen berührt. Das sind Momente wo wir spüren, wie die Sonnensphäre in unser Leben hereinleuchtet und wir erleben: «Nicht ich, sondern Christus in mir». Oder auch wir erleben das Wort des Christus: «Wenn zwei in meinem Namen beisammen sind, bin ich mitten unter ihnen». Ein solches Begegnenkönnen wird ein Sakrament der Zukunft werden. Wir können es sogar schon in der Gegenwart finden, sofern wir diese Momente heute nicht verschlafen oder uns durch Illusionen täuschen lassen. Sie eröffnen uns auch die Organe zum Erleben des Christus im Ätherischen.[29]

Um nun die Arbeit an den Beziehungen in unserer Biographie zu einem Abschluß zu bringen, ist folgende Überlegung wichtig: Wie wollen wir diese Beziehungen in der Zukunft gestalten? Welcher Person aus unserem Kosmogramm wollen wir in Zukunft näherkommen? Wem gegenüber haben wir das Empfinden, es handle sich nur noch um eine rein formelle Beziehung, bei der es besser wäre, sie fallenzulassen, um freien Raum entstehen zu lassen? Welche Schritte können wir unternehmen, um bewußt an einer Beziehung zu arbeiten? Benötigt es vielleicht eine therapeutische Hilfe von außen? Oder bedarf es z.B. eines Biographiekurses zum Thema Mann und Frau, um gezielte Hilfe zu erlangen?

Wir kommen jetzt zur Frage des Doppelgängers oder Schattens. Dabei kommen uns zwei Märchen zu Hilfe, die wir als erstes sprechen lassen wollen:

Die Geschichte von Catarina und ihrem Schicksal

Es war einmal ein Kaufmann, der war über alle Maßen reich und hatte Schätze, wie sie nicht einmal der König besitzt. In seinem Zimmer standen drei wunderschöne Sessel, der eine war von Silber, der zweite von Gold, der dritte von Diamanten. Der Kaufmann hatte eine einzige Tochter, die hieß Catarina, und sie war schöner als die Sonne.

Eines Tages saß Catarina in ihrem Zimmer. Auf einmal sprang die Tür auf, und es trat eine schöne, hohe Frau herein, die hielt in ihren Händen ein Rad.

«Catarina», sprach sie, «wann willst du es leichter haben im Leben, in der Jugend oder im Alter?»

Catarina war erschrocken und wußte nicht, was sie der Fremden antworten sollte. Aber die schöne, fremde Frau fragte nochmals: «Catarina, wann willst du es leichter haben, in der Jugend oder im Alter?»

Da dachte Catarina: «Wenn ich sage, in der Jugend, so werde ich im Alter leiden müssen. Deshalb will ich es lieber im Alter leichter haben, in der Jugend habe ich Kraft. Gehe es mir nach Gottes Wille». Also antwortete sie: «Im Alter.»

«Dir geschehe, wie du gewünscht hast», sprach die schöne Frau, drehte einmal ihr Rad und verschwand. Diese hohe, schöne Frau war aber das Schicksal der armen Catarina.

Einige Tage vergingen, da bekam ihr Vater plötzlich die Nachricht, einige von seinen Schiffen seien im Sturm gekentert. Wieder nach einigen Tagen erfuhr er, daß noch mehr Schiffe untergegangen seien. Nach wenigen Monaten war er seiner Reichtümer beraubt und ein armer Mann. Vor Kummer darüber erkrankte er und starb.

Nun blieb die arme Catarina ganz allein in der Welt zurück. Sie hatte niemanden, der sich ihrer hätte annehmen können, und Geld hatte sie auch nicht. Sie dachte darum: Ich will in eine andere Stadt gehen und mir dort einen Dienst suchen. Sie machte sich auf und wanderte, bis sie in eine neue, fremde Stadt kam.

Als sie dort durch die Straßen ging, stand eine vornehme Frau am Fenster und fragte sie: «Wohin gehst du so allein, du schönes Mädchen?»

«Ach, liebe Frau, ich bin ein armes Mädchen und möchte gern einen Dienst suchen, um mir das Brot zu verdienen. Könnt Ihr mich nicht brauchen?»

Da nahm die schöne, vornehme Frau sie zu sich, und Catarina diente ihr treu.

Nach einigen Tagen sprach die Frau: «Catarina, ich muß einen Ausgang machen und werde die Haustür zuschließen.»

«Das ist mir schon recht,» sprach Catarina, und als ihre Herrin fort war, setzte sie sich hin, nahm ihre Arbeit und nähte.

Plötzlich ging die Tür auf, und ihr Schicksal trat herein.

«So, hier bist du also,» rief es, «und du glaubst, ich werde dich nun schon in Ruhe lassen?» Mit diesen Worten lief das Schicksal an alle Schränke, riß die Wäsche und die Kleider von Catarinas Herrin aus dem Schrank heraus und zerriß alles in Stücke. Catarina aber dachte: Weh mir, wenn meine Herrin wiederkommt und alles in diesem Zustand findet, bringt sie mich gewiß um. Aus Angst brach sie die Tür auf und entfloh.

Das Schicksal aber sammelte die zerissenen Sachen, machte sie wieder ganz und legte alles an seinen Platz.

Als nun die Herrin nach Hause kam, rief sie nach Catarina, aber Catarina war nirgends zu sehen. Sollte sie mich bestohlen haben? Dachte sie. Aber nichts fehlte von ihren Sachen. Sie verwunderte sich sehr, jedoch Catarina kam nicht zurück.

Catarina lief immer weiter und weiter, bis sie endlich in eine andere fremde Stadt kam. Und wieder stand eine vornehme Frau am Fenster, sah Catarina und fragte sie: «Wohin gehst du so allein, du hübsches Mädchen?»

«Ach, ich bin ein armes Mädchen und suche einen Dienst, um mir mein Brot zu verdienen. Könnt Ihr mich nicht brauchen?» fragte Catarina.

Da nahm die Frau sie in ihren Dienst. Catarina hatte es gut bei ihr und glaubte, nun könne sie endlich in Ruhe bleiben.

Es währte aber nur einige Tage. Als eines Abends die Frau ausgegangen war, erschien die Schicksalsfrau wieder und fuhr sie mit harten Worten an: «So, hier bist du jetzt, du meinst wohl, du könntest mir entgehen?» Damit zerriß und zerstörte das Schicksal alles, was es fand, so daß die arme Catarina wieder entfloh.

Ein solch schreckliches Leben führte die arme Catarina sieben Jahre lang. Aus einer Stadt lief sie in die andere, aber sobald es anfing, ihr gutzugehen, erschien das Schicksal wieder, zerstörte die Sachen der Herrschaft, und Catarina mußte fliehen. Sowie sie aber das Haus verlassen hatte, machte das Schicksal alles wieder gut und legte alles an seinen Platz zurück. Endlich, nach sieben Jahren, schien das Schicksal müde geworden zu sein und hörte auf, die arme Catarina zu verfolgen.

Eines Tages kam Catarina wieder in eine Stadt und sah eine Frau am Fenster stehen, die fragte sie: «Wohin gehst du, hübsches Mädchen?»

«Ach, ich bin ein armes Mädchen und möchte gern einen Dienst annehmen, könnt Ihr mich nicht brauchen?»

Da antwortete die Frau: «Ich will dich gern nehmen. Du mußt mir aber täglich einen Dienst tun, und ich weiß nicht, ob du dazu die Kraft hast.»

«Sagt mir nur, was es ist, und wenn ich irgend kann, will ich es gern tun.»

«Siehst du jenen hohen Berg?» sprach die Frau. «Auf den mußt du jeden Morgen ein großes Brett mit frischgebackenem Brot tragen und mußt oben mit lauter Stimme rufen: «O Schicksal meiner Herrin, o Schicksal meiner Herrin, o Schicksal meiner Herrin.» Dreimal mußt du das rufen, und dann wir mein Schicksal erscheinen und das Brot in Empfang nehmen.»

«Das will ich gern tun», sprach Catarina, und die Frau nahm sie zu sich.

Nun blieb Catarina lange Jahre bei dieser Frau, und jeden Morgen nahm sie das Tragbrett mit frischgebackenem Brot und trug es den Berg hinauf. Und wenn sie dreimal gerufen hatte: «O Schicksal meiner Herrin», erschien eine schöne, hohe Frau und nahm das Brot an sich. Catarina aber weinte oft, wenn sie daran dachte, wie gut sie es gehabt hatte und wie reich sie gewesen war und wie sie nun immer noch als Magd dienen mußte.

Da sprach eines Tages ihre Herrin zu ihr: «Catarina, warum weinst du soviel?» Da erzählte Catarina, wie schlecht es ihr ergangen war, und ihre Herrin sprach: «Weißt du was, Catarina? Wenn du morgen das Brot auf den Berg trägst, so bitte mein Schicksal, es soll dein Schicksal bewegen, dich in Ruhe zu lassen.»

Dieser Rat gefiel der armen Catarina, und am nächsten Morgen, als sie das Brot dem Schicksal ihrer Herrin gebracht hatte, klagte sie ihm ihre Not und sprach: «O Schicksal meiner Herrin, bitte doch mein Schicksal, daß es mich nun nicht mehr verfolgt.»

Da antwortete das Schicksal der Herrin: «Ach, du armes Mädchen, dein Schicksal schläft unter sieben Decken und kann dich deshalb nicht hören. Wenn du aber morgen kommst, so will ich dich zu ihm hinführen.»

Als nun Catarina nach Hause gegangen war, ging das Schicksal ihrer Herrin zu dem Schicksal des Mädchens und sprach: «Liebe Schwester, warum läßt du nicht endlich die arme Catarina wieder gute Tage sehen? Hat sie nicht genug Leid gelitten?»

Da sagte Catarinas Schicksal: «Führe sie morgen zu mir, so will ich ihr etwas schenken, das soll ihr aus aller Not helfen.»

Als nun Catarina am nächsten Morgen das Brot brachte, führte das Schicksal ihrer Herrin sie zu ihrem eigenen. Das gab ihr einen Strang Seide und sprach: «Verwahre sie wohl, sie wird dir nützen.»

Freudig ging Catarina nach Hause und sagte zu ihrer Herrin: «Da hat mir mein Schicksal einen Strang Seide geschenkt, aber was soll ich wohl damit machen?»

«Nun», sagte die Herrin, «verwahre sie wohl, sie wird dir schon nützen.»

Da begab es sich nach kurzer Zeit, daß der junge König heiraten sollte. Er ließ sich seine königlichen Hochzeitsgewänder anfertigen. Als aber der Schneider ein schönes Kleid nähen wollte, war nirgends Seide von derselben Farbe zu finden. Der König ließ im ganzen Land verkünden, wer solche Seide habe, solle sie an den Hof bringen, sie werde ihm gut bezahlt werden.

«Catarina», sprach die Herrin, «dein Strang Seide ist ja von derselben Farbe. Bring sie doch dem König, damit er dir ein schönes Geschenk mache.»

Catarina legte ihre besten Kleider an und ging an den Königshof. Als sie vor den König trat, war sie so schön, daß er kein Auge von ihr wenden konnte.

«König», sagte sie, «ich habe Euch einen Strang Seide gebracht, von jener Farbe, die man im ganzen Land nicht finden konnte.»

«Gut,» sagte der König, «so will ich sie dir mit Gold aufwiegen.»

Es wurde eine Waage gebracht, und auf die eine Seite legte der König die Seide, auf die andere Seite ein Goldstück.

Nun denkt euch, was geschah: So viele Goldstücke der König auch auf die andere Seite legte, die Seide wog noch immer schwerer. Da ließ der König eine größere Waage holen und alle seine Schätze auf die eine Schale legen, aber die Seide wog immer noch schwerer. Da nahm der König endlich seine goldene Krone vom Haupt und legte sie zu den anderen Schätzen, und siehe da, jetzt erst ging die Waagschale mit der Seide herunter. Sie wog genausoviel wie die Königskrone und alle Schätze.

«Woher hast du die Seide?» frage der König.

«Ich habe sie von meiner Herrin geschenkt bekommen», antwortete Catarina.

Nein, das ist nicht möglich,» rief der König.

Da erzählte Catarina, wie es ihr ergangen, seit sie ein reiches Mädchen gewesen war.

Am Hof aber lebte eine alte, weise Frau, und die sprach: «Catarina muß Königin werden, da erst die Königskrone den Wert der Seide aufgewogen hat.»

Der König war damit einverstanden, und so geschah es auch. Seiner anderen Braut ließ er sagen, das Schicksal habe es so gewollt. Und er heiratete die schöne Catarina, und sie lebten glücklich bis an ihren Tod.[30]

Das Märchen vom Pechvogel

Es waren einmal sieben Töchter – alles nur Töchter – eines Königs und einer Königin. Dem Vater wurde der Krieg erklärt. Er verlor Krieg und Thron und wurde gefangengenommen. Als der König im Gefängnis saß, ging es der Familie schlecht. Um zu sparen, verließ die Königin das Schloß, und sie zogen sich in eine Hütte zurück. Alles ging schief; aber wie durch ein Wunder fanden sie etwas zu essen. Eines schönen Tages kam ein Obsthändler vorüber. Die Königin rief ihn, um ein paar Feigen zu kaufen. Während sie die Feigen kaufte, kam eine alte Frau des Weges und bat um ein Almosen.

«Ach, gute Mutter!» sagte die Königin. «Wenn ich könnte, würde ich Euch nicht nur ein Almosen geben, aber ich bin nur eine arme Haut, ich habe nichts.»

«Und wie kommt es, daß Ihr so arm seid?» fragte die Alte.

«Wißt Ihr es nicht? Ich bin die Königin von Spanien und durch den Krieg ins Unglück geraten, den sie gegen meinen Mann geführt haben.»

«Armes Ding, Ihr habt recht. Aber wißt Ihr auch, warum Euch alles schiefgeht? Ihr habt eine Tochter zu Hause, die ist vom Unglück verfolgt. Solange Ihr das Mädchen bei Euch behaltet, kann es Euch nie gutgehen.»

«So soll ich also eine meiner Töchter fortjagen?»

«Jawohl, gnädige Frau.»

«Und wer ist diese unglückliche Tochter?»

«Die mit gekreuzten Händen schläft. Heute nacht, wenn sie schlafen, zündet Ihr eine Kerze an und schaut sie Euch an. Die Ihr mit gekreuzten Händen antrefft, die müßt Ihr fortschicken. Nur so gewinnt Ihr Eure verlorenen Reiche wieder.»

Um Mitternacht nahm die Königin eine Kerze und stellte sich vor die Betten ihrer sieben Töchter. Alle schliefen: Die eine mit gefalteten Händen, die andere mit den Händen unter der Wange und die dritte mit den Händen unter dem Kopfkissen. Sie kam zur letzten, das war die Jüngste: Die aber schlief mit gekreuzten Händen. «Ach, mein liebes Töchterchen! Gerade dich muß ich wegschicken!»

Während sie dies sagte, wachte die Kleine auf. Sie sah die Mutter mit der Kerze in der Hand und die Augen voller Tränen. «Mama, was fehlt Euch?»

«Nichts, mein Töchterchen. Es kam eine alte Frau, so und so sah sie aus, die prophezeite mir, es würde mir nur dann gutgehen, wenn ich die unglückliche Tochter aus dem Hause schickte, die mit gekreuzten Händen schläft … Und diese Unglückliche bist du.»

«Und darum weint Ihr?» meinte die Tochter, «ich ziehe mich gleich an und gehe.» Sie zog sich an, knotete ihre Sachen zu einem Bündel zusammen und verließ das Haus.

Sie wanderte und wanderte und kam endlich auf eine einsame

Heide, wo nur ein einziges Haus stand. Sie ging näher heran, hörte das Klappern eines Webstuhls und sah Frauen, die webten.

«Willst du hereinkommen?» fragte eine der Weberinnen.

«Ja, liebe Frau.»

«Wie heißt Du?»

«Pechvogel.»

«Und du willst bei uns dienen?»

«Ja, liebe Frau.»

Und sie begann zu fegen und die Hausarbeiten zu verrichten. Am Abend sagten die Frauen zu ihr: «Höre, Pechvogel, abends verlassen wir das Haus und schließen dich von außen ein, du aber schließt von innen ab. Wenn wir wiederkommen, öffnen wir von außen, du aber öffnest von innen. Du mußt aufpassen, daß sie uns nicht die Seide, die Borten und die gewebte Leinwand stehlen.» Und damit gingen sie.

Mitternacht rückte heran, und Pechvogel bemerkte das Klappern von Scheren. Sie nahm eine Kerze und ging zum Webstuhl. Da sah sie eine Frau, die schnitt mit der Schere die ganze goldene Leinwand vom Webstuhl herunter. Sie aber begriff, daß die Frau ihr böses Schicksal war, das sie bis hierher verfolgt hatte.

Am Morgen darauf kamen die Weberinnen wieder. Sie öffneten von außen, das Mädchen von innen. Kaum waren sie eingetreten, da sahen sie die Bescherung auf dem Boden. «O, du freches Ding! Ist das der Lohn dafür, daß wir dir Herberge gegeben haben? Mach, daß du fortkommst! Hinaus!» Und sie jagten sie mit einem Fußtritt von dannen.

Pechvogel wanderte über das Land. Bevor sie in ein Dorf kam, blieb sie vor einem Geschäft mit Brot, Gemüse, Wein und anderen Dingen stehen. Sie bat um ein Almosen; die Besitzerin gab ihr Brot, Zubrot und ein Glas Wein. Da kam ihr Mann heim. Dem tat das Mädchen leid, und er sagte, sie könne über Nacht bleiben und auf den Säcken im Laden schlafen. Die Besitzer schliefen oben. In der Nacht hörten sie Lärm und standen auf: Die Spundlöcher der Fässer waren aufgeschlagen, und der Wein floß durchs ganze Haus. Als er das Unheil sah, suchte der Mann das Mädchen; es lag auf den Säcken und jammerte wie im Traum. «Freches Ding! Das kannst nur du getan haben!» Und er nahm eine Stange und schlug sie. Dann jagte er sie davon.

Sie wußte nicht, wohin sie sich wenden sollte, und lief weinend fort. Am Tage begegnete Pechvogel auf dem Lande einer Frau, die wusch Wäsche.

«Was schaust du denn so?»

«Ich weiß nicht, wohin ich soll.»

«Kannst du waschen?»

«Ja, gute Frau.»

«Dann bleib und hilf mir beim Waschen: Ich seife die Wäsche ein, und du spülst sie.»

Pechvogel begann die Wäsche zu spülen und aufzuhängen. Sobald sie getrocknet war, stärkte sie und bügelte sie zum Schluß.

Nun muß man wissen, daß die Wäsche dem Königssohn gehörte. Als der Königssohn sie sah, kam sie ihm wirklich wunderschön sauber vor. «Frau Francisca,» sagte er, «so schön habt Ihr mir die Wäsche noch nie gewaschen! Diesmal habt Ihr ein Trinkgeld verdient.» Und er gab ihr zehn Unzen.

Mit den zehn Unzen kleidete Frau Francisca Pechvogel auf das hübscheste ein, kaufte einen Sack Mehl und buk Brot. Zusammen mit den anderen Broten aber machte sie zwei runde Fladen mit viel Anis und Sesam drin, die schienen zu sagen: «Iß mich! Iß mich!» Sie sprach zu Pechvogel: «Mit diesen beiden Broten gehst ans Ufer des Meeres und rufst mein Schicksal, und zwar so: ‹Aaah! Schicksal von Frau Franciscaaa!› Und das tust du dreimal. Beim dritten Mal wird mein Schicksal erscheinen; du gibst ihm einen Fladen und richtest ihm Grüße von mir aus. Dann läßt du dir erklären, wo dein Schicksal wohnt, und tust das gleiche bei ihm.»

Eiligen Schrittes begab sich Pechvogel zum Meeresufer.

«Aaaah! Schicksal von Frau Franciscaaa! Aaaah! Schicksal von Frau Franciscaaa! Aaaah! Schicksal von Frau Franciscaaa!» – und Frau Franciscas Schicksal erschien. Pechvogel richtete die Botschaft aus und übergab das Brot. Dann fragte sie: «Schicksal von Frau Francisca, würden Euer Hochwohlgeboren die Güte haben und mir erklären, wo mein Schicksal wohnt?»

«Hör zu! Du gehst ein Stück auf diesem Maultierpfad entlang und wirst auf einen Backofen stoßen. Neben der Mulde für den Ofenwisch sitzt eine alte Hexe. Sei besonders nett zu ihr und gib ihr den Fladen: Sie ist dein Schicksal. Du wirst sehen, sie wird ihn nicht haben wollen und grob zu dir sein. Du aber überläßt ihn ihr und gehst deiner Wege.»

Pechvogel kam zum Backofen und traf die Alte an. Ihr wurde beinahe übel, als sie sah, wie schmutzig, triefäugig und stinkend sie war. «Liebes Schicksalsfrauchen, wollt Ihr mir nicht die Freude machen», schmeichelte sie ihr und bot ihr das Brot an.

Darauf die Alte: «Mach, daß du fortkommst! Weg mit dir! Wer hat dich um Brot gebeten?» Und sie kehrte Pechvogel den Rücken zu. Die aber legte den Fladen nieder und ging zu Frau Franciscas Haus zurück.

Tags darauf, an einem Montag, war Waschtag. Frau Francisca weichte die Wäsche erst ein, dann seifte sie sie ein. Pechvogel rieb und spülte sie; dann, als sie trocken war, legte Frau Francisca sie in einen Korb und trug sie zum Schloß. Als der Königssohn sie sah, sprach er: «Frau Francisca, mir könnt Ihr nichts vormachen: So eine Wäsche habt Ihr mir noch nie abgeliefert.» Und er gab ihr zehn Unzen Trinkgeld.

Frau Francisca kaufte wieder Mehl, buk zwei weitere Fladen und schickte Pechvogel damit zu ihren Schicksalsfrauen.

Am nächsten Waschtag nun gab der Königssohn, der heiraten sollte und große Stücke darauf hielt, daß die Wäsche sauber gewaschen war, Frau Francisca ein Trinkgeld von zwanzig Unzen. Und diesmal kaufte sie nicht nur Mehl für zwei Fladen, sondern sie kaufte für Pechvogels Schicksal ein schönes Obergewand mit Reifrock und Unterrock, feinen Taschentüchern und einen Kamm, sie kaufte Haarsalbe und anderen Krimskrams.

Pechvogel begab sich zum Backofen. «Liebe Schicksalsfrau, hier ist der Fladen für dich.»

Die Schicksalsfrau, welche mit der Zeit ein wenig sanfter geworden war, kam brummend herbei, um das Brot in Empfang zu nehmen. Da fiel Pechvogel über sie her, hielt sie fest und begann, sie mit Schwamm und Seife zu waschen, zu kämmen und von Kopf bis Fuß neu einzukleiden. Nachdem sich die Alte zuerst wie eine Schlange gewunden hatte, änderte sie zusehends ihre Art, als sie sah, wie sie vor Sauberkeit glänzte. «Hör zu, Pechvogel,» sagte sie, «weil du so gut zu mir warst, schenke ich dir dieses Schächtelchen», und sie gab ihr ein Schächtelchen, das war so klein wie eine Wachshölzchenschachtel.

Pechvogel eilte nach Hause zu Frau Francisca und öffnete das Schächtelchen. Darin lag ein ganz kleiner Streifen Borte. Sie waren ein bißchen enttäuscht. «Oh, sie war wirklich sehr freigiebig,» meinten sie und legten die Borte unten in die Kommode.

Als Frau Francisca eine Woche darauf die Wäsche zum Schloß trug, traf sie den Königssohn in düsterer Stimmung an. Die Wäscherin stand mit dem Prinzen auf vertrautem Fuß und fragte ihn: «Was hast du, Prinz?»

«Was ich habe? Ich soll heiraten, und nun stellt sich heraus, daß am Hochzeitskleid meiner Verlobten ein ganz kleiner Streifen Borte fehlt, und im ganzen Reich findet sich nicht die gleiche Borte.»

«Wartet, Majestät!» sprach Frau Francisca.

Sie lief eilig nach Hause, kramte in der Kommode und brachte dem Königssohn den Streifen Borte. Sie hielten sie an das Brautkleid, und sie paßte genau.

Der Königssohn sprach: «Da du mich aus einer solchen Verlegenheit gerettet hast, will ich die Borte mit Gold aufwiegen.»

Er holte eine Waage. Auf eine Schale legte er die Borte, auf die andere das Gold. Aber das Gold reichte nie aus. Er probierte es noch einmal mit einer Schnellwaage: Das gleiche Ergebnis.

«Frau Francisca,» sagte er zu der Wäscherin, «sagt mir die Wahrheit. Wie kommt es, daß ein Stückchen Borte so viel wiegt? Von wem habt Ihr sie?»

Frau Francisca mußte nun wohl oder übel alles erzählen, und der Königssohn wollte Pechvogel sehen. Die Wäscherin riet ihr, sich recht hübsch anzuziehen (sie hatten sich mit der Zeit einiges zurückgelegt); dann führte sie das Mädchen zum Schloß. Pechvogel trat ins Zimmer des Königs und machte vor ihm einen tiefen

Knicks; immerhin war sie die Tochter eines Herrschers, und an guter Erziehung fehlte es ihr gewiß nicht. Der Königssohn begrüßte sie, bot ihr einen Platz an und fragte dann: «Wer bist du eigentlich?»

Darauf sagte Pechvogel: »Ich bin die jüngste Tochter des Königs von Spanien, der von seinem Thron vertrieben und gefangengenommen wurde. Mein böses Schicksal hat mich gezwungen, in der Welt umherzuirren und Grobheiten, Mißachtung und Schläge zu erdulden.» Und sie erzählte ihm all ihre Erlebnisse.

Als erstes ließ der Königssohn die Weberinnen kommen, denen das böse Schicksal Seide und Borten zerschnitten hatte. «Wie hoch war der Schaden?»

«Zweihundert Unzen.»

«Hier habt ihr zweihundert Unzen. Wißt, dieses arme Mädchen, das ihr geschlagen habt, ist eine Königstochter. Merkt euch das! Macht, daß ihr verschwindet!»

Dann ließ er die Ladenbesitzer kommen, denen das böse Schicksal die Fässer angebohrt hatte. «Und wie hoch war euer Schaden?»

«Dreihundert Unzen.»

«Hier habt ihr dreihundert Unzen. Aber das nächste Mal überlegt es euch zweimal, ehe ihr eine Königstochter verprügelt. Fort mit euch!»

Er löste die Verlobung mit der ersten Braut und heiratete Pechvogel. Als Hofdame gab er ihr Frau Francisca.

Überlassen wir die Brautleute ihrem Glück und ihrer Freude, und kehren wir zu Pechvogels Mutter zurück. Als ihre Tochter sie verlassen hatte, begann sich das Glücksrad zu ihren Gunsten zu drehen, und eines Tages kam ihr Bruder mit ihrem Neffen an der Spitze eines starken Heeres und eroberten das Reich zurück. Die Königin zog mit ihren Kindern wieder in das alte Schloß und sie hatten wieder all ihre Bequemlichkeit. Nur quälte sie der Gedanke an ihre jüngste Tochter, von der sie so gut wie gar nichts wußte. Der Königssohn aber hatte erfahren, daß Pechvogels Mutter ihr Reich zurückgewonnen hatte. Er schickte seine Botschafter aus und ließ ihr sagen, daß ihre Tochter ihn geheiratet hatte. Hocherfreut machte sich die Mutter mit ihren Rittern und Hofdamen auf die Reise. Mit

Rittern und Hofdamen kamen ihr Pechvogel als Braut mit ihrem Bräutigam entgegen. Sie begegneten einander an der Grenze und umarmten sich stundenlang. Tief gerührt standen auch die sechs Schwestern da, und in dem einen wie im anderen Reich wurde ein großes Fest gefeiert.[31]

Was ist denn nun der Schatten oder Doppelgänger eines Menschen? Die Bezeichnung «Schatten» deutet auf eine dunkle Seite unseres Selbst hin, die dunkel ist, weil kein Licht darauf fällt. In dem Wort «Doppelgänger» kommt zum Ausdruck, daß er uns auf dem Lebenspfad begleitet. In der Literatur wird häufig von unserem zweiten Gesicht gesprochen. Man versteht darunter die Summe aller negativen Eigenschaften eines Menschen. Es ist sein karmisches Päckchen, das er nach seinem letzten Tod in der Mondsphäre zurückgelassen hat, das aus seinen schlechten, unmoralischen Taten besteht, und das er bei der Geburt wieder in seine Seele eingewoben hat.

Nun geht es darum, einen Teil dieses Schattens in das Licht des Bewußtseins zu heben, um ihn dann zu erlösen. Um aber an seiner Verwandlung zu arbeiten, müsssen wir ihn erst aus der Unbewußtheit herausholen.

Wie äußert sich der Schatten im praktischen Leben?

Bei langem Zusammenleben mit einem Menschen, oder wenn Menschen gedrängt auf engem Raum zusammenleben, merkt man, wie einen viele Kleinigkeiten bei anderen Menschen immer stärker stören. Dazu kann die Art und Weise gehören, wie jemand die Zeitung ließt, wie er guten Morgen sagt, sich beim Essen benimmt, oder seine Gäste empfängt.

Nehmen wir an, wir wären in der Situation eines Ehepaares, in der einer der Partner zum Abend Gäste eingeladen hat, während der andere schon ins Bett gegangen ist. Am nächsten Morgen findet letzterer eine unaufgeräumte Küche vor, in der sich das schmutzige Geschirr und die leeren Flaschen türmen. Der Zorn steigt in ihm hoch: Es ist doch immer das Gleiche! Das gesamte negative Bild vom anderen steigt innerlich auf. Wie gehen wir mit einer solchen Situation um? Es gibt verschiedene Möglichkeiten: Ich kann mir beispielsweise sagen: Er (oder sie) hatte eine schwere Woche, also räume ich auf, und fertig; ich kann mir aber auch sagen: das passiert wirklich jedesmal, soll er seinen Mist selber aufräumen, und gehe spazieren.

Was ist nun mit dem Schatten? In beiden Fällen verliert der Schatten seine Macht. Die meisten Menschen jedoch reagieren auf eine solche Situation mit dem Aufräumen der Küche, tun dies aber gänzlich gegen ihren eigenen Willen und schimpfen dabei, entweder laut oder in sich hinein. Dadurch aber wächst der Schatten. Ja, er wird dabei unter Umständen so groß, daß er die Persönlichkeit des anderen ganz verdeckt. So entsteht die Gefahr, daß wir vor lauter Schatten die eigentliche Persönlichkeit nicht mehr sehen können. Dann beginnt uns einfach alles am anderen zu stören.

Diese Situation haben wir auch, wenn wir jemandem begegnen, an dem uns etwas sehr stark stört. Wir müssen immer fragen: Was steckt in Wirklichkeit dahinter? Ist es vielleicht etwas, was in mir selber als Schatten lebt und das ich noch nicht überwinden konnte? In der Begegnung mit anderen werden wir uns unseres eigenen Schattens bewußt wie in einem Spiegel. Deswegen sind viele Begegnungen auf die Dauer so schmerzhaft.

Den Mut zu haben, seinen eigenen Schatten kennenzulernen, ihn zu akzeptieren und das Empfinden zu entwickeln, er ist nicht mein «Ich», aber er gehört zu mir, ist eine der schwierigsten Aufgaben der Selbsterziehung. Der Schatten muß erlöst und nicht unterdrückt werden. Vielleicht können uns die Märchen in diesem Kapitel dabei helfen zu verstehen, was das heißt.

Im Schatten sind Teile von uns selbst, deren wir uns öfters nicht bewußt sind und die manchmal wie eine Lawine aus uns hervorbrechen. Wir staunen dann selber und sind erschrocken, mit welcher Heftigkeit wir auf das Ereignis reagieren. Bringen wir beispielsweise bei einer Diskussion, einem Streit nicht die Kraft auf, anzuhalten, dann rollt die Lawine immer weiter, sie reißt uns mit sich, und eh wir uns versehen, haben wir den anderen verletzt, vielleicht bis ins Physische hinein. Das wieder gutzumachen wird schwer sein. Meistens überfallen uns anschließend Schuldgefühle oder gar eine Depression.

Wir haben unsere Beherrschung über den Doppelgänger verloren! In dem Moment aber, wo der Beteiligte die Kraft aufbringt zu sagen: «Stopp! Besprechen wir das ein anderes Mal», muß der Schatten zurückweichen. Das «Ich» kann auf diese Weise lernen, den Doppelgänger zu bändigen, ihn zu zügeln ohne ihn zu unterdrücken!

Was lehren uns nun die Märchen dieses Kapitels über den Doppelgänger?

- In der Begegnung mit anderen Menschen wird einem der eigene Doppelgänger bewußt.
- Zu seiner Erlösung braucht es die Hilfe anderer Menschen.
- Sowohl Catarina wie auch Pechvogel nehmen ihr Schicksal an – sie gehen ihren Weg; bei Pechvogel ist dies besonders offensichtlich. Beide gehen leidvollen Zeiten entgegen, denn der Doppelgänger bringt Leid mit sich, solange wir ihn nicht erlösen. Er setzt uns immer wieder Prüfungen aus.
- Bei Catarina und beim Pechvogel sind es mindestens je zwei Proben, in denen sie das Unheil, das sie anrichten, erleben müssen.
- Bei Catarina dauert es sieben Jahre. Bei der dritten Begegnung kommt jeder von ihnen zu einer weisen Frau, die weiß, wie man mit dem Doppelgänger umgeht. Beide geben ihrem Doppelgänger Nahrung. In beiden Geschichten geben sie ihm *Brot.* Ist damit wohl physisches Brot oder geistige Nahrung gemeint? Nun kommt das Spannende, daß der eine Doppelgänger vom anderen herbeigelockt oder gerufen werden muß.
- Nur ein Doppelgänger, der geläutert und «genährt» ist, kann dem anderen helfen. Der eine muß geweckt werden, weil er unter sieben Decken schläft; der andere muß gewaschen und gekämmt werden.
- Beide Doppelgänger machen nun Geschenke, der eine schenkt eine Borte und der andere einen Strang Seide. Beide Geschenke werden zunächst verwahrt, dann aber im gegebenen Moment gebraucht! Für was? Sowohl die Seide, als auch die Borte, die beide mit Goldstücken bezahlt werden müssen, sind zur Herstellung der Hochzeitsgewänder. Sie wiegen aber so schwer, daß die

Besitzerinnen den König selbst als Zahlung bekommen. Catarina, die neue Braut, hat ein herrlich gewobenes Kleid, an dem nichts fehlt; sie hat die Prüfungen bestanden und ihren Doppelgänger umgewandelt. Deshalb muß dann die erste Braut gehen; vielleicht steht sie für das Unumgewandelte in der Seele?

– Der König kann auch als das «Ich» angesehen werden, das die umgewandelte Seele, Catarina, nun heiraten kann. Der König im Pechvogel hat diesen Prozeß der Läuterung begleitet und belohnt. Er sorgt dafür, daß Frau Francisca für die Königstocher immer neue Kleider kauft. Frau Francisca war dem König vertraut; daraus kann man ablesen, daß sie die gleiche Weisheit hatte wie er. Auch scheint mir, daß der Doppelgänger nur mit aus Liebe vollbrachten Taten erlöst werden kann. Die Liebe ist der Erlöser des Doppelgängers und des Bösen.[32]

Um das Thema des Doppelgängers zum Abschluß zu bringen, sei hier noch auf das Kapitel «Aspekte zum Problem der Doppelgänger des Menschen» aus dem Buch «Der Mensch an der Schwelle» von B. Lievegoed[33] hingewiesen. Dort spricht der Autor von verschiedenen Schichten des Doppelgängers, von dem wir hier nur einen Aspekt, der unserem Ich am meisten zugänglich ist, behandelt haben.

Frieden

Hoch am Himmel stand die Sonne,
von weißen Wolken umwogt. Das Meer war still,
und sinnend lag ich am Steuer des Schiffes,
träumerisch sinnend, – und halb im Wachen
und halb imSchlummer, schaute ich Christus,
den Heiland der Welt.
Im wallend weißen Gewande
wandelt er riesengroß
über Land und Meer.
Es ragt sein Haupt in den Himmel,
die Hände streckte er segnend
über Land und Meer,
und als ein Herz in der Brust
trug er die Sonne,
die rote, flammende Sonne,
und das rote, flammende Sonnenherz
goß seine Gnadenstrahlen
und sein holdes, liebseliges Licht
erleuchtend und wärmend
über Land und Meer.
Glockenklänge zogen feierlich

hin und her, zogen wie Schwäne
an Rosenbändern das gleitende Schiff,
wo Menschen wohnen, in hochgetürmter,
ragender Stadt.
O Friedenswunder! Wie still die Stadt!
Es ruht das dumpfe Geräusch
der schwatzenden, schwülen Gewerbe,
und durch die reinen, hallenden Straßen
wandelten Menschen, weißgekleidete,
palmzweigtragende,
und wo sich zwei begegeneten,
sahen sie sich an, verständnisinnig,
und schauernd, in Liebe und süßer Entsagung,
küßten sich auf die Stirne,
und schauten hinauf die Stirne,
und schauten hinauf
nach des Heilands Sonnenherzen,
das freudig versöhnend sein rotes Blut
hinunterstrahlte,
und dreimalselig sprachen sie:
Gelobt sei Jesu Christ!

Heinrich Heine

Erst wenn ich Lichtes denke, leuchtet meine Seele.
Erst wenn meine Seele leuchtet, ist die Erde ein Stern.
Erst wenn die Erde ein Stern ist, bin ich wahrhaft Mensch.[34]

Herbert Hahn

IX. Geistige Erlebnisse in der Biographie – wie gehen wir damit um? 2. Teil

Schauen wir uns nun eine weitere Biographie, Biographie C, an:

0 Jahre:	Ich bin die Älteste von vier Kindern und wurde im Inneren von Paraná (Brasilien) geboren.
1. Jahr:	Umzug in eine andere Stadt;
2 Jahre:	1. Erinnerung: Vision der Muttergottes mit einem Lamm zu Füßen. Beinah im Fluß ertrunken; ich lief immer meinem Hund nach, der gerne am Fluß trank;
3 Jahre:	Rückkehr in das erste Haus. Es war ein Holzhaus.
4 Jahre:	Tod meines jüngsten Bruders im Alter von einem Jahr; Tod des Großvaters mütterlichseits an Krebs; Tod eines Nachbarkindes; kein bedrückendes Gefühl angesichts des Todes; ich war stets bei der Totenwache dabei.
5. Jahr:	Einschulung. Meine Mutter war Lehrerin und hatte mir schon mit vier Jahren Lesen und Schreiben beigebracht. Ich war klein und zierlich und wurde mit dem Amt betraut, in der Kirche biblische Geschichten vorzulesen. Ich bekam außerdem Klavierunterricht. Nach dem Tod meines Bruders betrank sich mein Vater öfters und wurde aggressiv. Im ersten Jahrsiebt hatte ich viele Kinderkrankheiten: Masern, Keuchhusten, Röteln, Windpocken und litt öfters unter Ohrenschmerzen. Ich spielte nicht gerne mit meinem Geschwistern, sondern unterhielt mich lieber mit den Erwachsenen. Meine Lieblingsspiele waren: Als Pfarrer verkleidet die Messe zu lesen, auf Bäume zu klettern und die Eidechsen zu erforschen.
7. Jahr:	Besuch in São Paulo. Ich war sowohl von der Großstadt, als auch von der Küste mit dem großen Meer begeistert. Noch im selben Jahr zogen wir nach São Paulo um. Hier

besuchte ich eine staatliche Schule. Der Zustand meines Vaters verschlimmerte sich. Er rauchte stark und besuchte Ubandagruppen (Ubanda ist eine afrikanische Religion); er arbeitete an der Inkorporation von Wesenheiten, auch zu Hause. Das bekam mir nicht, und ich wurde öfters ohnmächtig.

10. Jahr: Mein kleinster Bruder wurde geboren. Meine Mutter erkrankte und ich mußte den Haushalt versorgen, auch kochen.

11./12. Jahr: Finanzielle Schwierigkeiten zu Hause. Häufig gab es nicht genügend zu essen. – In der Schule war ich gut, erhielt sogar Auszeichnungen.

13. Jahr: Umzug innerhalb der Stadt, aber in ein besseres Viertel. So mußte ich auch die Schule wechseln, ich fühlte mich aber minderwertig, weil ich ärmer war. Mein Vater wurde fast täglich aggressiv; ich fing an zu reagieren und zerkratzte ihm seinen Rücken. Ich hatte mich entschlossen, in einer Propaganda-Werbeschule Zeichnen zu studieren. Das verschaffte mir einen ruhigen Ausgleich gegenüber meinem Zuhause. Außerdem besuchte ich die katholische Jugendbewegung in meiner Gegend und fing an, Gitarre zu spielen.

15. Jahr: Ich übernahm die Jugendgruppe. Wir hatten das neue Testament studiert, das Gebet. Zudem unternahmen wir Dienstleistungen in Waisenhäusern, Altersheimen und anderen.

16. Jahr: Wir gründeten eine Theatergruppe, die zu Weihnachten und Ostern religiöse Spiele aufführte. Das hielt bis zu meinem 21. Lebensjahr an. Zu Hause änderte sich nichts. Mein Vater fing an, mich zu kontrollieren und ließ mich nicht mehr ausgehen. Mit 16 beendete ich die Schule. Ein Jahr lang bereitete ich mich für die Aufnahmeprüfung an der Universität vor, um Logopädie studieren zu können. Gleichzeitig, ich war inzwischen 17, begann die Freundschaft mit einem jungen

Mann (meinem späteren Ehemann), der an der Universität die gleichen christlich-katholischen Prinzipien vertrat wie ich.

18. Jahr: Mein erstes Erlebnis mit Christus. Davor hatte ich eine Liebe zur Mutter Gottes, jedoch weniger zu Christus oder Gottvater. *Ich nahm an einer Klausur teil – und fühlte auf einmal ganz intensiv die Nähe des Christus! Von diesem Augenblick an war er bei mir im Herzen und nicht im Kopf.*

Um mein Studium finanzieren zu können, hatte ich mit 16 Jahren als Sekretärin begonnen zu arbeiten. Mit 18 begann ich bei einer Bank. Im dritten Studienjahr bekam ich ein Stipendium. Wir hatten ein Projekt, in dem wir das Gehör von 5.000 Schulkindern untersuchen sollten, und ich mußte allen Mitarbeitern Anweisungen geben. Das letzte Universitätsjahr war ein rein praktisches. Ich konnte alle Fächer mit einer Eins abschließen. Eine neue Dozentin machte mir das Angebot, in ihrer Klinik zu arbeiten. Das machte mir große Freude, auch wollte ich meine Doktorarbeit machen. Ich hatte mich für die Audiologie entschieden und wollte mich spezialisieren; 1984, mit 21 Jahren, wurde ich fertig. Ein Jahr später, mit 22, konnte ich an der Universität als Koordinatorin in der Audiologie-Klinik arbeiten; im gleichen Jahr heiratete ich. Mit 23 wurde ich als Universitätsdozentin approbiert. Außerdem gebar ich meinen ersten Sohn – ein wahres Geschenk!

Zu Hause bei meinen Eltern hielten die Schwierigkeiten an. Wegen der Kinder wollte sich meine Mutter nicht von ihrem Mann trennen. Von uns aus machten wir ihr den Vorschlag, für ihren Unterhalt aufzukommen und stellten ihr ein neues Appartement zur Verfügung, aber nach zwei Monaten zog sie wieder zum Vater. Nichtsdestoweniger kümmerte ich mich viel um das Haus der Eltern.

Mit 23 Jahren veröffentlichte ich mein erstes Buch über Arbeit: «Die Gesundheit der Arbeiter, die Maschinenlärm ausgesetzt sind.» Im März 1988, mit 25, machte ich meinen «Master», und im selben Jahr zog ich mit meiner Familie nach Southampton in England, wo ich meinen Doktor machen wollte. Ich war im vierten Monat schwanger, mit 26 bekam ich meinen zweiten Sohn.

Vor meiner Abreise nach England hatte mich meine Mutter um Hilfe gerufen, weil sie mit dem Vater nicht mehr fertig wurde. Ich organisierte ihren Umzug in eine andere Stadt, dann zog sie jedoch ohne mein Wissen zwei Monate später zu meinem Vater zurück. Meine Revolte und die Enttäuschung waren riesengroß, so groß, daß ich begann, meine Mutter abzulehnen, zusammen mit alledem, was ich von ihr angenommen hatte, einschließlich des Religiösen. Von da ab besuchte ich die Kirche nicht mehr, betete aber weiterhin für Maria, Christus und den Heiligen Geist.

Die Reise nach England trennte mich endgültig von den Eltern. Nun war alles fremd und neu: Die Sprache, das Land, die Sitten, der Tagesablauf, auch hatten wir wenig Geld. Doch wir sind gereist und haben neue Freundschaften geschlossen. Die Erlangung des Dr. Phil. war für mich eine große Herausforderung. Hier war mein Studienfach bei den Ingenieuren untergebracht, also mußte ich jetzt nur mit Männern umgehen. Das war ganz anders als in São Paulo, wo ich nur mit Frauen zu tun hatte. Ich hatte mich für das Studium der Vibrationen im Ohr entschieden und zwei Mentoren standen mir zur Seite. Im übrigen nahm ich auch an internationalen Kongressen teil. Doch je näher ich zum Forschungsende vordrang, desto stärker wurden meine Zweifel: War das wirklich meine Aufgabe – die Erforschung der Geräusche, der Vibrationen? Von 1988 bis 1992 blieben wir in England, was uns sehr gut tat, auch meiner Seele. Ich kam in Kontakt mit Menschen aus der ganzen Welt.

Mit meiner Ehe ging es nicht mehr gut. Mein Mann und ich waren weiterhin gute Freunde, aber was die Beziehung zwischen Mann und Frau anbetraf, so ließ diese zu wünschen übrig. Wir fragten uns: Wollen wir in England bleiben, oder nach Brasilien zurückkehren? Ich wurde eingeladen, an der Human Factor's Research Unit zu arbeiten, wo ich auch meinen Dr. Phil. hätte beenden können. Die Logik forderte zum Bleiben auf, aber das Herz sagte mir, ich müsse zurück. Wozu genau, wußte ich nicht, zumal mir der Gedanke an das Wiedersehen mit meiner Familie sehr unangenehm war. Mein Mann wollte in England bleiben, ich drängte zurück.

Mit 28 Jahren war die Frage, was ich nach meiner Rückkehr in Brasilien machen würde, sehr groß. Ich war rast- und ruhelos. *Bei einem Besuch in einer Buchhandlung überkam mich auf einmal mit Sicherheit der Gedanke, daß ich an der Heilung von Krebskranken arbeiten wolle. Rein zufällig kam mir außerdem ein Buch über Immunologie in die Hände;* obwohl ich nichts davon verstand, kaufte ich es und empfand dies als das einzig Richtige. Ich wurde ruhiger, mit 29 konnte ich meinen Dr. Phil. zu Ende führen. Die These lautete: «The relationship between individual susceptibility to noise induced hearing loss and vibration induced white fingers and neurological disorders.»

Wir kehrten nach Brasilien zurück. Erst zogen wir nach Florianópolis, wo mir die Varig eine Stelle angeboten hatte, doch fühlte ich sofort, daß dies nicht mein Platz war und wollte nach São Paulo zurück. Dort bekam ich keine Arbeit, wohl aber ein Angebot von der Universität in Baurú im Inneren des Staates von São Paulo. Es war eine wichtige Arbeit. Mein Mann machte dort einen Eisladen auf, wo ich am Samstag und Sonntag mitarbeitete. Es war eine schwere Zeit, die von Oktober 1992 bis Juli 1993 währte, dann hielt ich es nicht mehr aus. Ich wurde jeden Tag deprimierter, konnte kaum noch aus dem Bett steigen. So bewarb ich mich um eine Stelle in São Paulo und bekam sie, wieder an der Universität. Mir ging es sehr schlecht, besonders die Beziehung zu meinem Mann ließ sehr zu wünschen übrig, und so entschloß ich mich, einen Therapeuten aufzusuchen. Für die ersten zwei Monate war es ein Pfarrer, dann ein anderer Therapeut.

Mit 31 begann ich bei einem neuen Therapeuten, einem C.G. Jung-Schüler, einen therapeutischen Prozeß, in dem außer der Gesprächstherapie und dem Anschauen von Träumen auch Entspannungsübungen und Bildervorstellungen vorgenommen wurden. Er zeigte mir Fotografien von Patienten und anhand dieser Fotografien stellte ich die richtigen Diagnosen. Mein Therapeut meinte, daß ich sehr sensibel wäre und begann, mich zu testen. Ich war von diesem

Verfahren sehr beeindruckt, wußte ich doch durch meine katholische Erziehung nichts von Reinkarnation. Fundamental war für mich die Entspannung und induzierte Meditation. Ich mußte mich auf einen Diwan legen und entspannen, leise Musik umspielte mich. Als ich vollkommen entspannt war, sagte mir der Therapeut, ich käme zu einem grünen Tal, durch das sich ein Bach schlängelte. In diesem Bach sollte ich baden und mir anschließend eine weiße Kleidung anlegen. Nach diesem Reinigungritual gelangte ich zu einer Grotte, die wie ein Arbeitsraum aussah. In der Grotte stellte ich Möbel auf, einen Schreibtisch, ein Bett, einen Spiegel usw. Beim ersten Mal begegnete mir in der Grotte eine Frau und mein Engel, der ein Schwert in der Hand hielt. Bei einem anderen Besuch stand in der Grotte ein Schreibtisch, den ich nicht hineingestellt hatte. Ich öffnete die Schubladen und fand ein Buch, das Nummern enthielt. Mein Therapeut deutete dies als Zeitangaben, vielleicht mit früheren Erdenleben verbunden. Als gute Katholikin konnte ich das nicht akzeptieren.

Ein anderes Mal sagte mir der Therapeut, ich solle ein Datum aussuchen, auch sollte ich mit der Frau und meinem Engel zu dem Spiegel gehen, der an der Grottenwand hing. Ich tat das und fühlte nach einiger Zeit physisch die Kälte und Dunkelheit. Bilder kamen hoch wie in einem Film. Nach und nach tat ich das Gleiche mit den Nummern und jedesmal, wenn ich zu dem Spiegel ging, erschien eine andere Geschichte wie in einem Film. Es schien, als wären die Nummern tatsächlich Daten, und in allen Geschichten erschien ich als ganz gewöhnlicher Mensch. In einer Geschichte jedoch erschien ein Priester, der einen großen Tempel erbaut und eine besondere Begabung zum Predigen hatte. Das Datum war 200 v.Chr. und der Priester hieß Simeon. – Ich zweifelte jedoch immer noch an der Reinkarnation. Sollte der Priester wirklich wichig sein, mußte er im alten Testament, das ich nie studiert hatte, vorkommen. Blatt für Blatt ging ich die Bibel durch – und fand im Ekklesiastikus, Kapitel 50, die Geschichte von dem Priester, der einen großen Tempel erbaut und große Reden gehalten hatte. – Langsam begann ich zu glauben, daß es die Reinkarnation wirklich geben könne. Ich glaubte nicht, daß ich der Priester war; es waren nur dieselben Bilder.

Eines Tages entspannte ich mich zu Hause; ich war fast am Einschlafen, aber noch bei Bewußtsein. Da sah ich meinen Therapeuten ins Zimmer kommen, und er sagte mir, ich solle ihm folgen. Wir kamen an einen Ort, der weder im Himmel noch auf Erden war. Er war hell erleuchtet, mehrere Personen war zugegen, zuletzt waren es sieben. Eine Frau, die ich früher im Bild in Begleitung eines Engels gesehen hatte, kam auf mich zu und sagte, wir hätten wichtige Dinge miteinander zu tun. Etwas für die Welt. Im gleichen Augenblick schmolzen unsere Lichter zusammen, und viele kleine Lichter fielen in unsere Stadt.

Diese Vision bewegte mich stark, ich hielt sie für symbolisch. Ich erzählte sie meinem Therapeuten. Von den sieben Personen waren drei Frauen und vier Männer gewesen, der Therapeut, Alex und noch zwei andere. Mein Therapeut war sehr erstaunt über meine Vision, hatte er doch schon einige Zeit daran gedacht, eine Gruppe zu formen, und die Personen, die ich beschrieb, gab es wirklich. Alex, den ich nicht kannte, war ein Arzt, ein Immunologe, der mit vielen Krebspatienten arbeitete. Ihn kennenzulernen interessierte mich sehr. Ich hatte ja bereits mit 28 die Intuition gehabt, mit Krebskranken arbeiten zu wollen und mir das Buch über Imunologie gekauft. Mein Therapeut, der alle Personen kannte, die in meiner Vision vorgekommen waren, sprach mit ihnen und am 27.04.1995 trafen wir uns zum ersten Mal. Ich war gerade 32. Das Treffen war überwältigend. Alle hatten daran gedacht, in einer Gruppe arbeiten zu wollen und waren auf der Suche nach ihrer Lebensaufgabe gewesen. Es war, als ob wir uns schon lange kennen würden. Wir begannen mit einer Meditationsarbeit. Eine Teilnehmerin namens Irmgard begann aus ihrem vergangenen Leben zu berichten. Sie erzählte eine Geschichte, die auch in meinem Leben enthalten war. Zwischen ihr, Alex und mir bildete sich ein tiefes Band. Als ich im Juli 1995 zu Alex ging und ihm sagte, ich benötigte eine neue Arbeit, da mein Mann stellungslos sei, antwortete er, daß eine Logopädin nicht gebraucht würde, wir zusammen aber bei den krebskranken Patienten arbeiten und helfen könnten, auch geistig.

Ich wußte sofort, daß dies der richtige, schon lange von mir gesuchte Weg war. Ich schlug Alex vor, Irmgard, die auch zu unserer Gruppe gehörte, miteinzubeziehen und er nahm das an. Irmgard hatte jahrelang als Betriebsverwalterin in einem Familienunternehmen gearbeitet, das sie nach dem Tod ihres Vaters weitergeführt hatte. Sie wollte sich nun ganz von dieser Tätigkeit distanzieren, da sie sie nicht als ihre Lebensaufgabe empfand und löste den Betrieb auf.

In der Klinik war meine erste Patientin eine ältere Frau, die schwerhörig war und Krebs hatte. Wir arbeiteten sechs Monate zusammen; sie nahm ihr Schicksal voll an und hatte eine Beziehung zur geistigen Welt gefunden. Dann starb sie. – Ich habe inzwischen einige Kurse besucht, u.a. auch Reiki. *Als ich beim zweiten Kurs dieser Art war, kam die Verstorbene auf mich zu und dankte mir für die gemeinsame Arbeit.*

Im August 1995 nahmen Irmgard und ich an unserem ersten Biographiekurs in der Artemisia teil – gleichzeitig war es meine erste Begegnung mit der Anthroposophie. Irmgard hatte als Kind die Waldorf-Schule besucht, während ich instinktiv meine Kinder ab 1993 dort angemeldet hatte. Nach dem Biographiekurs erprobte ich verschiedene therapeutische Richtungen, kam dann aber 1997 zu dem Entschluß, daß die Anthroposophie der richtige Weg für mich sei. Ich habe mich nun dafür entschieden, die Biographieweiterbildung zu machen. Irmgard hat diese Weiterbildung bereits vor einem Jahr begonnen und neuerdings hat sich auch Alex dazu entschlossen. Wir arbeiten in einem neuen Klinikgebäude und sind sieben Therapeuten. Im Juli 1997 kündigte ich meine Stellung an der Universität, um mich ganz der Tätigkeit in der Klinik widmen zu können. – Vor zwei Jahren habe ich mich von meinem Mann getrennt; für die Kinder sorge ich. – Ich bin jetzt 35 Jahre alt.»

Die Hauptfrage, die wir hier stellen, ist nun: Wie gehen wir mit den geistigen Erlebnissen in der Biographie um? Wenn wir die drei Biographien 2, 3 und C betrachten, so finden wir bei den beiden ersten, daß die Christus-Erlebnisse zugleich Ich-Erlebnisse waren. Beide sind aus besonderen Krankheitssituationen heraus entstanden. Walter Holzapfel sagt in diesem Zusammenhang: «Die Krankheit ist eine zusammengefaßte Biographie – die Biographie ist eine ausgedehnte Krankheit».[35] Geistige Erlebnisse, die sonst nur durch einen Schulungsweg erreicht werden können, entstehen nun durch diesen Krankheitszustand, in dem die Wesensglieder in besonderer Art in Beziehung zum physischen Leib stehen. Jede Krankheit ist letztendlich ein Einweihungsprozeß. Der Lebenslauf selber ist aber auch ein Einweihungsprozeß.

In der Biographie C haben wir es wohl mit einer konstitutionellen Veranlagung zu tun, die sich schon im zweiten Jahrsiebt anfänglich manifestiert. Das kommt bei Kindern allerdings öfters vor, wie man z.B. auch an Biographie 1 sehen kann. Später kommt diese Veranlagung durch einen therapeutischen Prozeß, den ich nicht beurteilen möchte, vollständig zum Durchbruch. Auf jeden Fall finden wir in dieser Biographie viele Entwicklungsbeschleunigungen: frühes Lernen von Lesen und Schreiben, hohe Verantwortungspositionen, frühzeitiger Eintritt in die Universität. Wir finden einerseits eine ausgeprägte intellektuelle Förderung, andererseits eine kindlich-unschuldige Neigung zum Gebet, hauptsächlich in der Kindheit und Adoleszenz. Wie finden Kopf und Herz zusammen, ohne zu zerreissen? Daß es sich um tatsächliche Erlebnisse handelt, zeigen die Tatsachen; die Visionen erweisen sich im konkreten Leben als real.

Die Hauptfrage lautet: Wie geht der Betreffende mit seiner geistigen Begabung um?

Jeder Mensch muß sich in Bezug auf seine geistigen Erlebnisse prüfen und sich die Gewißheit darüber erst erarbeiten, denn man unterliegt großen Irrtümern und Verführungen. Rudolf Steiner sagt: «Im Schulungsweg muß zu der Imagination (dem Bildersehen) die Inspiration hinzukommen». Inwieweit in unserem Fall die Bilder aus dem Atavistischen kommen oder aus den Lebensumständen des heutigen Menschen heraus, muß offenbleiben. Von ganz besonderer Wichtigkeit ist, daß sich der Mensch selber leitet und nicht in Abhängigkeit von anderen gerät. – Ich denke, daß bei der zuletzt geschilderten Biographie die Teilnehmerin durch die Biographiearbeit und das Studium der Geisteswissenschaft einen immer bewußteren Weg für ihr Leben, aber auch für ihr therapeutisches Wirken finden wird.

Immer mehr Menschen kommen mit solchen Erlebnissen zu uns und auch zu den Biographiekursen. Eine Hilfe für die betreffende Person kann das Malen von Bildern sein. Die Bilder dienen aber nicht zum Zweck der Interpretation und Spekulation, sondern man sollte sie einfach vor sich hinstellen und fragen: Was sagen sie mir?

In der vorangegangenen Biographie sehen wir das 28. Lebensjahr in einem besonderen Licht. Hier tritt eine *Vorahnung* auf von dem, was dann fast ein Jahrsiebt später zur Verwirklichung kommt.

In den Biographien 2 und 3 des ersten Teils dieses Kapitels ging es ja auch um Christus-Erlebnisse. In diesem Zusammenhang möchte ich nachstehend noch die Zuschrift einer ehemaligen Kursteilnehmerin veröffentlichen.

«Entschuldigen Sie bitte, daß ich erst jetzt den Brief schreibe, um den Sie mich schon im November gebeten hatten. Das schlechte Gewissen plagte mich täglich, und dennoch war ich nicht in der Lage, mich hinzusetzen und ganz sachlich das niederzuschreiben, was ich doch immerhin mit meinen Händen durch das Plastizieren ans Tageslicht gebracht hatte. Wie heilsam war es anzuschauen, was jahrelang in meiner Seele geschlummert hatte. Aber offensichtlich erfordert die sprachliche Form, eben das Formulieren, eine andere Kraft. Der innere Widerstand wuchs mit jedem Tag, seit ich aus Arlesheim fort war. Ich kann es nicht erklären und schäme mich sehr, zumal ich weiß, daß Sie meine Aufzeichnungen für Ihr Buch haben wollten. Vielleicht ist es noch nicht zu spät.

Mein Christus-Erlebnis mit zwölf Jahren:

Ich möchte vorausschicken, daß ich ein sehr lebhaftes Kind war, eine wißbegierige Schülerin, beliebt bei Lehrern und Schülern. Jeden Morgen ging ich frohgelaunt zur Schule und genoß die Aufmerksamkeit, die man mir entgegenbrachte. Heute weiß ich, daß sie mir die fehlende Nestwärme des Elternhauses ersetzte. An den Wochenenden zog ich mich in mein Mansardenzimmer zurück, in der Hoffnung, niemand käme mich besuchen. Ich liebte es, von oben aus der Vogelperspektive die Menschen zu beobachten und versuchte, mir ihr Leben vorzustellen. Und ich liebte die andächtige Stille unseres Friedhofs, den ich regelmäßig besuchte. Ich hatte meine «Lieblingsgräber», meist Gräber von Kindern oder jungen Frauen, mit denen ich innerlich Zwiesprache hielt. Sie waren mir seltsam vertraut und ich malte mir ihr Schicksal in den schönsten Farben aus. Bis heute erinnere ich mich an das warme Gefühl in der Herzgegend, das meine kindliche Einsamkeit begleitete.

Es war an einem Sonntag und es war Frühling. Ich beobachtete wieder die Menschen, die hübsch angezogen und Hand in Hand durch die Straßen schlenderten. Zum ersten Mal empfand ich Traurigkeit. Dieses Gefühl kam so unverhofft und war so stark, daß ich mich an meinen Schreibtisch setzte, den Kopf in die Hände stützte und weinen wollte.

Es gelang mir nicht. Ein Lichtstrahl, ein warmer heller Sonnenstrahl, fiel von hinten über meine Schulter auf ein Buch. Es war ein Gedichtband. Ich begann zu lesen. Leider erinnere ich mich nicht mehr an das Gedicht, wohl aber an das Gefühl, das ich beim Lesen empfand: Der Rhythmus des Gedichts druchpulste mich. Wärme drang von hinten durch die Schulterblätter, dann den Nacken entlang zum Hinterkopf. Irgendetwas zwang mich aufzustehen. Ich stand sekundenlang ganz aufrecht, wie elektrisiert. Wärme durchströmte mich, vermischt mit einem Gefühl aus Stolz und Erhabenheit. In ein Schulheft schrieb ich mein erstes Gedicht:

Leis ist der Schmerz,
verbirgt sich im Getümmel der Alltäglichkeit.
Kennt keine Tränen,
nur den Schrei, den stummen,
der aus der Tiefe kommt
und in ihr bleibt.»

Von der gleichen Verfasserin ist auch die folgende Schilderung eines Christus-Erlebnisses mit 32 Jahren:

«Ich muß in meiner Erinnerung ein paar Jahre zurückgehen. Ich war 27 Jahre alt als mein Sohn geboren wurde. Meine Tochter war schon viereinhalb. Zwischen beiden Kindern hatte ich zwei Fehlgeburten erlitten, darum mußte ich die letzten Wochen im Krankenhaus verbringen, denn die Wehen hatten wieder zu früh eingesetzt. Mein Mann hatte während dieser Zeit eine andere Frau kennengelernt. Ich erfuhr davon wenige Wochen nach der Entbindung. Ich muß wohl einen Schock erlitten haben, denn ich bekam hohes Fieber und eine Brustentzündung. Ich schämte mich und erzählte niemandem davon.

Ich erzählte auch dann niemandem davon als sich herausstellte, daß diese Frau ein Kind von ihm erwartete. Ich dachte an Scheidung. Mein Mann flehte mich an, seine Karriere nicht zu zerstören, es täte ihm alles leid. Ich blieb bei ihm und weiß bis heute nicht, warum. Wahrscheinlich war ich physisch zu schwach, um überhaupt eine Entscheidung zu treffen. Ich setzte meine ganze Kraft dafür ein, die Fassade zu wahren. Auch dann noch, als mein Mann anfing zu trinken und sich sein Jähzorn offenbarte. Ich war zu jener Zeit Dozentin an einer Universität und arbeitete an meiner Doktorarbeit. Instinktiv mußte ich wohl gespürt haben, daß ich diese Arbeit nie zu Ende schreiben würde, denn ich war zu keiner schöpferischen Arbeit mehr fähig, tat aber nach außen so, als liefe alles «nach Plan». Die Kluft zwischen Innen und Außen wurde immer größer.

Als ich 31 Jahre alt war, starb meine Mutter unverhofft an einem Nierenversagen (mein Vater war bereits gestorben als ich 18 Jahre alt war). Ich fühlte mich wirklich mutterseelenallein. Mit ihr starb meine Hoffnung, jemals geliebt zu werden. Alles ging dann sehr schnell. Ich funktionierte nur noch. Meine Kinder, die ich über alles liebte, konnte ich nur noch mit Mühe versorgen. Nachts schlief ich kaum und erwachte morgens mit Tränen. Der Abgabetermin für meine Doktorarbeit rückte immer näher ... An einem Montag im April – ich war auf dem Weg zur Uni – wurde mir in der S-Bahn übel. Mein Herz raste, meine Brust verengte sich und ich bekam keine Luft mehr. Es war, als hätte mir jemand ein Messer in den Rücken gestochen. Eine alte Dame holte Hilfe und ich landete in der Notaufnahme eines Krankenhauses. Dort bekam ich ein Beruhigungsmittel und wurde nach zwei Stunden wieder entlassen. Diese Anfälle wiederholten sich und wurden immer schlimmer. Ich bekam Platzangst und verließ nur noch selten das Haus. Schließlich mußte ich ins Krankenhaus, ich sollte einen Herzschrittmacher bekommen. Tage zuvor hatte ich regelmäßig von meiner Mutter geträumt. Ich sah sie in einem weißen Spitzennachthemd. Sie lächelte und streckte die Hand nach mir aus. Mit jedem Traum wurde sie jünger. Ich war sicher ich würde sterben.

An jenem Morgen war ich seltsam gefaßt. Ich hatte den Kindern noch Frühstück gemacht und sie zum Fahrstuhl begleitet. Die Tochter würde den Sohn auf dem Weg zur Schule im Kindergarten abgeben. Meine Tasche war gepackt und ich verließ die Wohnung ohne Wehmut und ohne Tränen. Im Krankenhaus fühlte ich mich zunächst geborgen. Ich wurde gründlich untersucht und bekam starke Medikamente. Mein Zustand besserte sich nicht. Eines Nachts hatte ich einen schweren Anfall. Ich war allein im Zimmer, die anderen Patienten waren übers Wochenende nach Hause gefahren. Ich klingelte nach dem Arzt. Niemand kam. Ich war wieder mutterseelenallein. Für «alle Fälle» hatte ich Tabletten im Nachttisch. Ich nahm sie heraus, hielt sie in meiner Hand und spürte Trotz in mir aufsteigen. Gleichzeitig war da die Todesangst, dieses Herzrasen. Ich schluckte die Tabletten nicht. Der Anfall ging vorüber.

Ich setzte mich auf die Bettkante *und hatte das Gefühl, als ob mir jemand ein warmes Tuch um die Schultern legte. Unwillkürlich richtete ich mich auf. Liebe und Wärme durchströmten mich.* Als der Arzt kam, um nach mir zu sehen, sagte ich ihm nichts. Ich sammelte alle Tabletten in eine Tüte und gab sie der Krankenschwester. Ich wußte nun: Ich kann und muß aus eigener Kraft gesund werden. Nach einigen Tagen verließ ich das Krankenhaus. Es dauerte noch einige Jahre, bis ich wieder gesund war. Ich erlernte das Autogene Training, um meine Angstzustände abzubauen. Die Psychologin, die diese Kurse leitete, gab mir ein Buch von Rudolf Steiner zu lesen. So machte ich erste Bekanntschaft mit der Anthroposophie. Ich entschied mich, freiberuflich zu arbeiten und begann, mich innerlich aus der lieblosen Ehe zu lösen. Es sollte aber noch einige Jahre dauern, ehe ich den Mut zur endgültigen Trennung aufbrachte.

Soweit meine Bemerkungen zu den Erlebnissen der Christus-Mitte. Abschließend möchte ich noch erwähnen, daß die Christus-Mitte kein Dauerzustand ist. Aber ihr Erleben und die Erinnerung daran sind wie das Schöpfen aus einer ewigen Quelle.»

Es sind tatsächlich innere Widerstände zu überwinden, wenn man solche Erlebnisse in Worte fassen will. Das ist der Fall, obwohl man sie im Biographiekurs bereits modelliert hat – so, wie die Kursteilnehmerin es im Briefkopf schreibt. Vielleicht ist es dem einen oder anderen lieber, so ein Erlebnis still im Herzen zu tragen und es anderen nicht mitzuteilen. Gerade die Mitteilung jedoch kann für andere eine Bereicherung sein. Danke! Möge es eine Anregung sein für die, die ebenfalls solche Erlebnisse in ihren Biographien gehabt haben, sie zu erinnern und sich ins Bewußtsein zu heben.

Die Möglichkeit des Erlebens des Christus im Ätherischen – in der Aura der Erde – ist seit Beginn dieses Jahrhunderts immer stärker geworden; es wird von der Wiederkunft Christi gesprochen, die aber nicht im physischen, sondern im ätherischen Sinne stattgefunden hat. Ein Christus-Erlebnis bedeutet nicht immer einen so gewaltigen Einschlag, wie es Heinrich Heine in seinem Gedicht «Frieden» beschreibt. Dort geht es um ein makrokosmisches Erlebnis, wo sich die eigene Seele im Kosmos ausdehnt und «schaut».

«Die Schwelle» zur geistigen Welt wird in diesem Fall nach außen überschritten. Es gibt aber auch die ganz andere Seite, wo wir im Menscheninneren Christus als das unmittelbar gegenwärtige Menschliche, als Wärme, Licht oder aufrichtende Kraft empfinden oder erleben. Dies ist ein mikrokosmisches Erlebnis, weil es unmittelbar im Inneren des Menschen erlebt wird. Solche Erlebnisse lassen sich oft schwer empfinden und entdecken. Unsere drei Biographien legen Zeugnis davon ab.

Eine dritte Möglichkeit der Christus-Begegnung ist uns im Sozialen gegeben, in Begegnungen von Mensch zu Mensch. Dies ist der Fall, wenn plötzlich durch ein Gespräch neue Einsichten eintreten.

Dann sagt man: «Es ging mir ein Licht auf!» oder «es wurde mir ganz warm ums Herz!». Solche Wärme- und Lichterlebnisse haben häufig mit der Christus-Qualität zu tun.

Rudolf Steiner macht besonders darauf aufmerksam, daß sich in Situationen der völligen Verzweiflung, der totalen Zerschmetterung, plötzlich eine Aufrichtekraft in uns als Christus-Erlebnis manifestieren kann.

Wenn im siebenten Jahr der Knabe den ersten Zahnkreis abstößt,
ist er noch ganz unreif, der Sprache kaum Herr.
Wenn aber weitere sieben Jahre der Gott ihm vollendet, kommen
schon Zeichen hervor, daß ihm die Jugend nun reift.
Barthaar keimt ihm dann im dritten Jahrsiebt, und dunkler färbt
sich die blühende Haut, kraftvoll strafft sich sein Leib.
Aber des Mannes Stärke entwickelt sich jetzt in der vierten
Siebenerreihe zuhöchst. Taten vollbringt nun der Mann.
Doch im fünften Jahrsiebt trachtet der Mann nach Vermählung,
daß in die Zukunft hinaus wachse ein blühend Geschlecht.
Drauf im sechsten reift des Mannes Gesinnung und stählt sich,
künftig mag er nicht mehr wirken an nichtigem Werk.
Vierzehn Jahre hindurch, im siebten und achten Jahrsiebt, blühen
in Fülle und Kraft Rede ihm und der Geist.
Auch im neunten noch manches, doch sinkt von der Höhe kraftvoll
männlichen Muts Weisheit und Wort ihm herab.
Wenn aber Gott das zehnte Jahrsiebt zur Neige vollendet, ihn ereilt
dann der Tod wohl zu schicklicher Zeit.

Solon – um 640-553 v. Chr.

X. Sternenrhythmen im Lebenslauf

Ein wichtiges Element in der Biographie sind, wie wir schon sahen, die Rhythmen. Der seit Alters her bekannteste Rhythmus ist der Siebenjahresrhythmus, der sich bis ins Organische erstreckt und sich in Form von Metamorphosen äußert. Wir haben ihn ausführlich im Kapitel «Rhythmen und Spiegelungen» in dem Buch «Das Leben in die Hand nehmen» besprochen. Auch die Mondknoten, die einen Rhythmus von 18 Jahren und sieben Monaten besitzen, wurden darin ausführlich geschildert. Der erste Mondknoten bildet den Übergang von der Adoleszenz zum Erwachsenensein. Viele Jugendliche geraten in dieser Zeit in eine Krise, weil sie nicht erwachsen werden wollen und diese Verantwortung hinausschieben möchten oder gar ganz ablehnen. Beim zweiten Mondknoten mit 37 geht es darum, nunmehr seine Lebensaufgabe gefunden zu haben und in die karmische Verwirklichung einzutreten. Beim dritten Mondknoten, mit etwa 55, haben wir es sowohl bei Männern als auch bei Frauen mit dem Übergang in ein Alter zu tun, das viele Menschen wieder nicht akzeptieren wollen. Da dieser Mondknoten mit einem Jahrsiebtübergang zusammenfällt, ist dieser Übergang besonders schwierig, und der Mensch benötigt einige Jahre, um mit Ruhe und Gelassenheit auf sein Alter schauen zu können. Einen halben Mondknotenrhythmus von neun Jahren können wir auch in mancher Biographie finden.

Die Umlaufzeit des Saturn beträgt $29^{1}/_{2}$ Jahre. Also steht der Saturn nach $29^{1}/_{2}$ Jahren wieder an derselben Stelle, wo er in der Geburtsstunde gestanden hat. Aufgerundet kann man also in Bezug auf den Saturnrhythmus von einer Dauer von 30 Jahren sprechen. Wir können das Leben in drei große Dreißigerphasen einteilen: 30, 60, 90 Jahre, wobei die letzte Phase häufig nicht bis zu Ende gelebt wird. Saturn hat mit den Sterbe- und Auferstehungsprozessen zu tun. Wie wir gesehen haben, hat er auch mit dem geistigen Element zu tun. Auf Erden bringt er uns in Erinnerung, daß wir ein geistiges Wesen sind. So können wir unser Leben einmal daraufhin anschauen, was um die 30 herum oder um die 60 Jahre herum an geistigen Erinnerungen in uns hochgekommen ist. Oder wir fragen uns anhand eines wichtigen geistigen Erlebnisses in unserer Biographie: Was ist 30 Jahre später daraus geworden? Auch hier können wir außerdem die Hälfte des Saturnrhythmus anschauen, also einen 15-Jahresrhythmus.

Als nächsten Rhythmus betrachten wir den des Jupiter. Jupiter benötigt zwölf Jahre, um zur Ursprungsstelle im Tierkreis zurückzugelangen. In jedem Tierkreiszeichen bleibt er ein Jahr. Auch hier können wir auf den halben Jupiterrhythmus schauen. Dann kommen wir zu einer Art Lebensuhr von 12 x 6, also 72 Jahren. In der Biographie ist der 6-Jahresrhythmus leicht festzustellen. Nach meinen persönlichen Erfahrungen hat er meistens mit schulischen oder beruflichen Ereignissen zu tun. *Siehe hierzu das Schema 2 «Lebensuhr» auf der dem Buch beigelegten Falttafel.*

Betrachte ich meine eigene Biographie (siehe Kapitel XII), so sieht diese folgendermaßen aus:

6 Jahre :	Einschulung
12 Jahre:	erster Wunsch, Medizin zu studieren
18 Jahre:	Beginn des Medizinstudiums
24 Jahre:	Beendigung des Medizinstudiums
30 Jahre:	Beginn des Hausbaus der Familie
36 Jahre:	Erwerb des Grundstücks für die Klinik
42 Jahre:	Europareise / Wiederbegegnung mit B. Lievegoed
48 Jahre:	Eintritt in den Oster-Raffael-Ärztekreis
54 Jahre:	Entstehen der Bücher über Ernährung
60 Jahre:	Autounfall – «neue Inspiration»
66 Jahre:	Neuorientierung in der Partnerschaft, neue Ziele fürs Leben.

In der Jesus-Biographie ragt das 12. Lebensjahr heraus, in dem er in den Tempel gebracht und von seinen Eltern nicht erkannt wird, und wo er zu den Schriftgelehrten spricht.[36] Es findet in dieser Zeit ein besonderer Ich-Einschlag statt. Bei vielen Kindern ist dann der Augenblick gekommen, wo sie bewußt an einen künftigen Beruf denken. Vor diesem Zeitpunkt beruhen solche Gedanken auf Nachahmung und äußerer Anschauung, beispielsweise wenn es heißt: Ich will Postbeamter, Straßenbahnfahrer oder Schafhirte werden.

Besondere Bedeutung haben auch die Punkte, an denen ein Jupiter- und ein Saturnrhythmus zusammenfallen. Das ist im 30. und 60. Lebensjahr der Fall.

In meiner Biographie war das Alter von 29½ Jahren mit dem Tod meines Vaters verbunden. Das hieß Abschied nehmen von der Naturheilkunde und den Ernährungsfragen und sich verstärkt für die anthroposophische Medizin einsetzen. Es war ein mehr innerlicher als äußerlicher Prozeß. Das 60. Lebensjahr brachte, verstärkt durch den Autounfall, ein tieferes Verständnis für das Spirituell-Biographische und die immer stärkere Einbeziehung des ätherischen Christus auch in den Biographiekursen. Außerdem verstärkte sich das Gefühl: «Nicht Ich, aber Christus in mir» sehr. Ich sah, daß wir Hilfe bekommen, wenn wir wirklich und ernsthaft suchen.

Einen anderer Rhythmus, den wir in der Biographie berücksichtigen müssen, ist der Sonnenrhythmus oder Christus-Rhythmus, der der Erde erst nach dem Mysterium von Golgatha eingeprägt worden ist. Es geht hier um den Rhythmus von 33 Jahren. Rudolf Steiner weist ausdrücklich darauf hin, wie in der Geschichte diesem Rhythmus eine besondere Rolle zukommt. Er betont, daß viele geschichtliche Ereignisse nach Ablauf von 33 Jahren ihre Auswirkungen zeigen. Das gilt insbesondere im Sozialen. Bezogen auf ein Jahrhundert wirken sich die ersten 33 Jahre im letzten Drittel des Jahrhunderts wieder aus. Gewichtige Gedanken werden nach 33 Jahren in Taten umgesetzt. In der individuellen Biographie spielen diese 33 Jahre auch eine besondere Rolle. In den Jahren von 30 bis 33 haben wir die in spiritueller Hinsicht vielleicht wichtigsten Begegnungen im Leben. Auch werden die Jahre von 30 bis 33 häufig als Auferstehungsjahre erlebt. Das 66. Lebensjahr kann dann wieder einen ähnlichen Charakter haben. Ausgehend vom 33-Jahr- Rhythmus können wir auch einen 11-Jahresrhythmus finden. Er hängt mit den Sonnenflecken zusammen, die alle 11 Jahre stärker sichtbar werden. Diese Maxima und Minima hinsichtlich der Stärke der Sonnenflecken spiegeln sich auch in Verbindung mit dem Christus-Element in der Biographie, denn drei mal elf Jahre ergibt wiederum einen Sonnenrhythmus. Man kann auch feststellen, daß der Sonnenfleckenrhythmus mit einer gewißen Elastizität auftritt. So kann der erste dieser Rhythmen zwischen dem neunten und dem dreizehneten Jahr sichtbar werden. Daraus ergibt sich, daß um das 11., 22., 33., 44., 55., 66. und 77. Lebensjahr herum bei einigen Menschen Schwerpunkte liegen.[37] Letztendlich ist es aber auch möglich, daß jemand einen ganz individuellen Rhythmus entwickelt, in dem sich gewisse Dinge wiederholen. Kennt man diesen Rhythmus, könnte dieses oder jenes ein Merkzeichen werden, wo man zu sich sagt: «Halt, paß auf, wie du dieses Mal mit den Dingen umgehst!»

Der Marsrhythmus, der 687 Tage umfaßt, also beinahe zwei Jahre, hat sich mir bei Schockerlebnissen gezeigt, die, wenn sie nicht verarbeitet werden, nach etwa 1½ bis 2 Jahren zu einer Krankheit wie z.B. Krebs führen können. Wie sich Venus mit einem Rhythmus von 225 Tagen und Merkur mit 88 Tagen zum Ausdruck bringen, muß noch erforscht werden. Sowohl der Mond als auch Merkur und Venus sind Planeten, die sich mehr im Physiologisch-Leiblichen äußern.

Über die Rhythmen von Uranus, Neptun und Pluto und die Wirkungen, welche sie auf den Menschen ausüben, werden wir in einem späteren Buch berichten.

Ich halte die Sonne in mir
Er führet als König mich in die Welt

Ich halte den Mond in mir
Sie meine Gestalt erhält

Ich halte Mercur in mir
Er Sonne und Mond zusammenhält

Ich halte Venus in mir
Ohne ihre Liebe ist alles nichts

Sie mit Mars sich vereinet
Der mein Wesen im Worte spricht

Daß Jupiter alles erleuchte
Mit weisem Licht

Und Saturn der reife
In mir erstrahle meines Wesens Farben.[38]

Rudolf Steiner an Ita Wegman

XI. Die seelischen Planetenqualitäten

Nachdem wir schon einiges über die Planeten erfahren haben, soll hier nun eine kurze Zusammenfassung der Planetentypen folgen. Wir haben in unserer Seele sieben Töne, wie es in der Tonleiter sieben Töne gibt. Diese Töne offenbaren sich, wenn der Astralleib, die Grundlage für alles Seelische, sich individualisiert. Dies geschieht in der Phase von 14 bis 21. Es kommt dem Lehrer häufig so vor, als ob sich bei seinen Schülern in dieser Zeit plötzlich das Temperament änderte; aber das ist nicht der Fall. Das Temperament selbst liegt ja eine Schicht tiefer in unserem Ätherleib. Vielmehr übertönt die Planetenqualität in diesem Moment das Temperament. Es ist darum auch leichter, an dieser Planetenqualität zu arbeiten als am Temperament, da unser Astralleib von unserem Ich aus leichter umzuwandeln ist. Jeder Mensch hat alle sieben Töne in sich, und zwar sowohl in seinen Haltungen im Beruf, wie auch im persönlich-sozialen Leben. Hat einer der sieben Töne das Übergewicht, wird er zur Charaktereigenschaft. Häufig finden wir das Zusammenspiel von zwei bis drei dominierenden Tönen. Einseitigkeiten können korrigiert werden, und ein Meister ist der, der mit allen sieben Tönen spielen und jeweils die hervorheben kann, die vom Ich in gewissen Augenblicken des Lebens benötigt werden.

Saturn

Er ist der am weitesten entfernte Planet unseres Sonnensystems und hat die langsamste Bewegung durch den Tierkreis. Sie beträgt 29,5 Jahre.

Die Saturnqualität ist es, welche die Bewußtseinsprozesse des Menschen ermöglicht, die durch Absterbe- und Abbauprozesse im Organismus ermöglicht werden. Saturn vermittelt die Erinnerung daran, daß der Mensch ein geistiges Wesen ist und deutet auf die Entschlüsse, die der Mensch im Leben nach dem Tod gefaßt hat. Mit der Möglichkeit des starken Zurückgreifens in der Erinnerung ist auch die Möglichkeit einer Vorschau verbunden, die das Lebensziel sichtbar machen kann.

Der Saturnmensch ist ein selbstbewußter Typ, der nach innen gekehrt ist und eine große innere Aktivität entwickelt – nach außen scheint er kühl und desinteressiert. Das Denken dominiert bei ihm Fühlen und Handeln. Kritik und Selbstkritik sind bei ihm objektiv und klar. Er sieht älter aus als er ist und wirkt durch seinen Ernst und seine Zurückhaltung auf andere wie ein Egoist. Seine Art zu denken geht in die Tiefe und dringt bis zur Essenz der Sache vor. Es zielt auf den Kern der Dinge oder, wenn man den menschlichen Körper als Bild nimmt, auf das Skelett. Darum wird Saturn im Bild als Tod oder als Skelett mit der Sense dargestellt. Im Griechischen ist ihm der Gott Chronos zugeordnet.

Im Innern der Knochen befindet sich aber das Knochenmark, in dem die roten Blutkörperchen gebildet werden. Im Denken des Saturntyps finden wir deshalb auch etwas Flammenhaftes, Loderndes, das warm ist wie das rote Blut. Saturn verleiht einen Enthusiasmus, der dem Menschen zu hohen Idealen verhelfen kann. Hierfür ist die griechische Göttin Hestia, die das Feuer schürt und die heilige Flamme von Herd zu Herd trägt, ein Symbol.

Das Denken hat einen forschenden Charakter, doch besteht die Gefahr, zu einseitig zu werden und «Scheuklappen» zu entwickeln. Die Folge ist, daß man weder nach rechts noch nach links zu sehen vermag und sich zu einem Prinzipienreiter entwickelt.

Im Fühlen erscheint dieser Mensch nach außen hin kühl; er zeigt seine Emotionen nicht und tut sich schwer, Kontakt zu bekommen; hat er aber doch Kontakt geknüpft, ist er unendlich treu. Es ist für ihn eine große Enttäuschung, wenn die Freundschaft, deren Aufbau so lange gedauert hat, dann einmal abbricht. Im Märchen «Der treue Johannes» haben wir ein Abbild dieser sich fast aufopfernden Treue zu einer Sache oder zu einem Menschen.

In den Handlungen sind die Saturntypen sehr verantwortungsbewußt, ausdauernd und zäh. Beim Gehen sind sie langsam, manchmal gar schleppend oder schlürfend und wenig wendig; sie lieben keine Veränderungen. Ihr Ziel haben sie gut vor Augen. Sie kommen sowohl mit wenig Schlaf als auch mit wenig Essen aus. Sie erlauben sich wenig Späße, sind etwas humorlos und können geizig und egozentrisch werden.

Als charakteristische Beispiele für diesen Typ hat Rudolf Steiner Victor Hugo und Friedrich Schiller angegeben. Wer Schillers Briefe über die ästhetische Erziehung des Menschen liest, bekommt einen Eindruck von seinen hohen Idealen. Das Gleiche gilt für Victor Hugos wenig bekanntes Gedicht vom Antichrist. Ein weiteres Beispiel für den Saturntyp ist Marie Curie, die Hunger und Entbehrungen auf sich nimmt, um das Radium zu entdecken. Sie lebt allein für die Forschung, für die Idee, ohne dabei direkt an die praktische Anwendung ihrer Forschung zu denken.

Für den Saturntyp ist Tod und Auferstehung ein sehr wichtiges Thema.

Was können wir vom Saturn lernen? Wir können lernen, die richtige Fragestellung zu finden, die Frage nämlich, die uns zur Essenz der Dinge führt.

Man kann dem Saturntyp auch durch Fragen weiterhelfen, die ihn dazu anregen, sich mit seinen Mitmenschen zu befassen. Ein Beispiel hierfür ist Parzival, der lernen muß, die richtige Frage an Amfortas zu stellen. Dadurch wird in ihm das Mitleid gegenüber anderen geweckt.

Jupiter

Er hat den hellsten Glanz unter den Planeten und wird die Sonne des Sternenhimmels genannt; einerseits wegen seines hellen Lichtes, andererseits weil er zwölf Jahre benötigt, um eine volle Runde im Tierkreis zu bewältigen. Die Sonne braucht dafür ein Jahr. Die heutige Umlaufbahn des Jupiter entspricht der Grenze der räumlichen Ausdehnung der alten Sonne – des Sonnenzustandes unserer Erde.

Jupiter ist der königliche Planet. Er wird bildhaft als Zeus, als der

Photo: AKG, Berlin

Chronos. Detail aus «Chronos und Fama» von Paolo Veronese.

Herrscher des Universums und Vater vieler Götter und Göttinnen mit einem Blitzbündel in der Hand dargestellt.

Jupitertypen haben eine königliche Erscheinung und einen jovialen Charakter; die Außen- und die Innenwelt sind im Gleichgewicht. Es sind ruhige, intelligente Typen mit ausgeprägtem Gerechtigkeitssinn. Das Denken dominiert bei ihnen.

<u>Die Denkweise</u> ist völlig anders als die des Saturnmenschen. Es ist ein Denken, das die Außenwelt wahrnimmt, viele Phänomene beobachtet und nebeneinander stellt, die zusammen ein Bild formen; aus einer großen Überschau kommt der Jupitertyp schnell zu einem Konzept. Er erhebt sich schnell zu kreativen Gedanken und genialen Ideen, die viele Möglichkeiten eröffnen.

Die weibliche Seite des Jupiter ist die Göttin Athene, die aus dem Haupt des Jupiter entsteht. Sie ist die Göttin der Strategie und die Beschützerin der Stadt Athen; gleichzeitig ist sie die Göttin des Handwerks, der Weber usw. Strategische Begabung und Verwaltungsfähigkeiten kennzeichnen diesen Typus.

<u>Im Gefühl</u> ist der Jupitertyp ein offener Mensch, doch er läßt nicht jeden an sich herankommen, sondern nur den, den er ausgewählt hat. Seine Seele ist strahlend und freudig. Sein Verständnis für das, was in anderen vorgeht, ermöglicht ihm das Eingehen vieler Verbindungen. Der ganze Regenbogen spiegelt sich in seiner Seele. Er ist der Herr der Mitte zwischen Kälte und Wärme, zwischen Licht und Finsternis, jenem Bereich also, in dem die Farbe entsteht. Er hat eine Neigung zum Kultischen und führt gerne kultische Handlungen aus. Er ist auch opferfähig, wenn dieses Opfer zur Harmonie führt. Alles Chaotische lehnt er ab, sowohl seelisch als auch in der Außenwelt. Häufig verzichtet er auf Persönliches, um auf einer überpersönlichen Ebene geistig helfen zu können.

<u>Im Handeln</u> ist der Jupitertyp ordnend, organisierend und strategisch. Er verfügt über eine natürliche Begabung zum Führen, kann Menschen in ihren Fähigkeiten erkennen und in die für sie geeignete Position bringen. Er bringt die kosmischen Gesetze mit den menschlichen Gesetzen in Einklang und bringt es fertig, die Menschen zum Spirituellen hin zu orientieren. Er kann seine Lebenserfahrungen in

Photo: AKG, Berlin

Vavarkion-Athena nach der Athena Parthenos des Phidias.

Zeus von Otricoli.

Lebensweisheit umwandeln; er weiß den Augenblick zu nutzen. Durch sein Wissen oder seine Weisheit verfügt er über Autorität.

Die Gefahr für ihn besteht darin, daß er zum «Überherrscher» werden kann und seine Position nicht an andere abtreten will. Er kann ungeduldig werden und Eitelkeit entwickeln.

Ein klassisches Beispiel für den Jupitertypus haben wir in Johann Wolfgang von Goethe. Die Art, wie Goethe die Phänomene einordnen kann, kann man gut an seinem Gedicht «Die Metamorphose der Pflanzen» ablesen. Nach vielen Beobachtungen der physischen Formen der Pflanze und ihrer Vielfältigkeiten findet er schließlich die Urpflanze – eine geistige Realität. In Goethes Begegnung mit Schiller kommen der Jupiter- und der Saturntyp wunderbar zum Vorschein. Schiller sagte zu Goethe: «Die Urpflanze ist eine Idee», worauf Goethe entgegnete: «Das kann mir sehr lieb sein, wenn ich Ideen habe, ohne es zu wissen, und sie sogar mit Augen sehe.»

Auch Aristoteles entwickelte diese Art des Denkens, die man auch anschauende Urteilskraft nennen kann. Das ist eine ganz andere Denkweise als diejenige Platos.

Unter unseren Biographien enthält die Biographie A ein starkes Jupiterelement.

Vom Jupiter können wir die Lebensfreude lernen, das richtige Urteilen, das Entwickeln von Gleichgewicht und Harmonie. Vor allem aber auch die Fähigkeit zur Überschau. In der Biographiearbeit und Beratungstätigkeit ist es wichtig, Phänomene in Form von Bildern und in Gesamtzusammenhängen zu ordnen.

Der Entwicklungsweg des Jupiters ist der der Demut und Bescheidenheit. Im christlichen Kontext entspricht das der Fußwaschung. Man sagt vom Jupitertyp, daß er leicht einen Zugang zu den Hierarchien findet, während der Weg zu Christus für ihn schwerer ist.

Mars

Mars ist der Dritte in der Reihe der obersonnigen Planeten. Er ist als rötlicher Planet am Himmel sichtbar. Seine Umlaufzeit beträgt weniger als zwei Jahre. Heute ist er von bestimmten Wissenschaftlern dazu auserwählt worden, einmal die neue Heimat des Menschen zu werden; Gelder in Milliardenhöhe werden für Forschungszwecke ausgegeben mit der Begründung, die Erde hätte keine Zukunftsmöglichkeiten mehr.

Die Marsgötter waren Kriegsgötter. Ares ist der Kriegsgott der griechischen Mythologie. Auch die Kreativität des Schmiedes Hephaistos ist eine Marskraft. Hephaistos ist der einzige Gott des Olymp, der intensiv und kraftvoll arbeitet. Durch die Opferung des Buddha, der heute mit der Marssphäre verbunden ist, haben sich die Kräfte des Mars verwandelt. Es ist dadurch möglich geworden, daß unsere Wissenschaft wieder durchgeistigt wird.

Betrachten wir nun den Marstypus.

Er ist klein, gedrungen und voll geballter Kraft, ganz nach außen und in die Zukunft gerichtet. Er versucht auf Erden, seine Ideen in die Praxis umzusetzen. Er hat dadurch Pioniercharakter, der ihm viele Wege öffnet. Sein Typus ist mit dem cholerischen Temperament verwandt. Beide besitzen starke physische Kräfte, wie z.B. auch der griechische Held Herkules, der ebenfalls Träger einer Marskraft ist. Ebenso verhält es sich mit Prometheus, der den Menschen frühzeitig das Feuer bringt und zur Strafe im Kaukasus an eine Felswand gefesselt wird.

Die Marskraft ist die männliche Kraft schlechthin. Das bedeutet nicht, daß es nicht auch viele Marstypen unter den Frauen gibt. Charakteristika dieses Typus sind Impulsivität, Spontaneität und Kraft. Der Wille dominiert über das Gefühl und das Denken. Wir können auch sagen: Marsmenschen sind Willensmenschen, die all ihre Energie in das Schaffen investieren. Sie müssen ihre Kraft ausleben können und nehmen viele Herausforderungen an. Sie müssen sich frei und ungehindert fühlen, sonst kommt es zu Zusammenstößen.

<u>Im Denken</u> ist der Marstyp sehr wach. Sein Beobachtungsvermögen ist geistesgegenwärtig, sein Denken praktisch und auf Gegenstände bezogen. Er «trifft den Nagel genau auf den Kopf», wenn er sich äußert.

Photo: AKG, Berlin

Kopf der Bronzestatue des sog. Mars aus Todi.

Er duldet keine Abschweifungen, ist zielgerichtet und praktisch. Seine Sprachbegabung ist groß, er bringt revolutionäre Ideen hervor und öffnet neue Wege. Sein Gedächtnis ist allerdings schwach, er vergißt gerne die Vergangenheit. Durch seine Reden wirkt er überzeugend, ist schlagfertig und bleibt im Gespräch meistens der Sieger, häufig aber auch deshalb, weil er die anderen nicht zu Wort kommen läßt.

Im Fühlen ist der Marstyp enthusiastisch, heiß und leidenschaftlich. Liebe und Haß können bei ihm nahe beieinanderstehen. Er ist selbstbewußt, bevorzugt starke Erlebnisse und erobert gerne. Das schwer zu Erobernde hat für ihn mehr Wert als das, was sich leicht fügt. Er erträgt es nicht, übersehen oder zur Seite geschoben zu werden. Doch öfters braucht er einen Schutzschild, hinter dem er sich mit seinen Gefühlen geschützt fühlen kann.

Im Handeln ist er entschlossen und aktiv im Erreichen seiner Ziele. Er ist ein ausgesprochener Pioniertyp, der es im Alter schwer hat, sich von seinen Aufgaben zu lösen und Platz für andere zu schaffen. Das betrifft z.B. die Jupiterphase ab 50. Auf diese Weise zerstört er häufig sein eigenes Werk. Er muß Bewegungsfreiheit haben und betreibt vielerlei Aktivitäten. Die lebt er aus in der Arbeit, im Sport, im Kampf und im Wettbewerb. Im Spiel kann er schlecht verlieren. Er ist selbstsicher und unabhängig und führt alles bereits aus, bevor der andere überhaupt überlegen konnte. Er erträgt keine Kritik, weder in Bezug auf das Gefühl, noch auf das Tun.

Sind die Marskräfte im Übermaß vorhanden, werden die Menschen unkontrolliert und aggressiv; das ist ganz besonders dann der Fall, wenn ein zu hoher Alkoholkonsum hinzukommt. Ihr Haß steigert sich dann und sie gleiten leicht ins Animalische ab. Es ist wichtig, daß der andere bei ihren Zornesausbrüchen die Ruhe behält.

Ihre größte Tugend ist der Mut. Wir können aber auch von einem göttlichen Zorn sprechen, vom Zorn der Gerechtigkeit. Hierher gehört das Bild vom Kardienstag, wo Christus die Tische der Wechsler umstößt.

Beispiele für echte Marstypen sind Napoleon und Beethoven. Stellen wir ihre Biographien einander gegenüber, so sehen wir bei

Napoleon ab dem 40. Jahr einen Verfall; seine Lebensgeschichte endet unbedeutend für die Nachwelt.

Bei Beethoven sehen wir ab diesem Zeitpunkt eine großartige Sublimierung seiner Musik, die immer mehr in die geistigen Höhen des Jupiter führt. Auch Voltaire mit seiner herausragenden Sprachbegabung ist, Rudolf Steiner zufolge, ein besonders von der Marssphäre Beschenkter. Unter unseren Biographien weist die Biographie 6 am meisten Marsqualität auf.

Was können wir vom Marstypus lernen? – Die Fähigkeit, unsere Ideen und Ziele in die Wirklichkeit, ins Materielle umzusetzen; die Entwicklung der Mutkräfte.

In der Beratung und Biographiearbeit können die Ereignisse mit Hilfe der Marsqualität auf einen Punkt gebracht werden. Manchmal benötigt jemand aufrüttelnde Fragen, damit ihm überhaupt bewußt wird, worum es geht. In der Selbsterziehung muß der Marstyp lernen, die Richtung seiner übermäßigen Kräfte von außen nach innen zu verlagern. Er muß lernen, sich selbst zu überwinden und seine Kraft in die richtigen Bahnen zu lenken.

Venus

Venus ist der glänzende Stern, der als Abend- oder Morgenstern immer in der Nähe der Sonne sichtbar ist. Zu den untersonnigen Planeten gehörig, deutet sie auf einen eher passiven Charakter, der aber stark der Außenwelt zugewendet ist. Die Venusqualität ist die kosmische Liebe. In der Mythologie kennen wir sie als Aphrodite oder Venus; sie ist die aus dem Schaum Geborene. In ihr offenbaren sich die drei Arten der Liebe, die sexuelle (Aphrodite Pandemus), die erotische und die geistige Liebe (Aphrodite Uranus).

Die von Venus Beschenkten sind schöne, liebliche und anziehende Menschen, in denen das Gefühl das Denken und das Wollen überragt. Wie Zeus geht auch Venus die verschiedensten Verbindungen ein. Der Venustyp ist der ästhetische Mensch, die Schönheit liebend und ausströmend. Der männliche Venustyp besitzt die Sensibilität des Weiblichen.

Das Denken ist gefühlvoll, phantasievoll und kreativ. – Es ist schwierig, den Gedanken dieser Menschen zu folgen, weil sie voller Bilder sind, die bunt durcheinander fallen. Die Legende sagt, daß sich Aphrodite das Spinnrad der Athene ausleiht, aber nur sehr grobe Fäden zustande bringt. Das Spinnrad steht hier symbolisch für das Spinnen der logischen Gedanken. Die Wahrnehmungsfähigkeit für das Übersinnliche ist beim Venustypus groß. Häufig tritt eine Hellsichtigkeit für die Elementarwesen auf. Es muß aber gelernt werden, diese Bilder einzuordnen, sonst können sie zu Halluzinationen führen.

Das Fühlen des Venustypus ist warm und immer in Bewegung; es jauchzt mit dem Blühen der Blumen, ist schmetterlingshaft und sonnig und wird betrübt mit der Dunkelheit und dem Tod, die ihn stark betreffen und in Traurigkeit stürzen. Seine Sympathien und Antipathien richten sich sehr stark nach dem ästhetischen Gefühl. Er läßt sich leicht zu Illusionen hinreißen und ist dann sehr enttäuscht, wenn seine Wünsche nicht in Erfüllung gehen; nach einer gescheiterten Affäre fühlt er sich häufig erschöpft. Der Venusmensch entwickelt gerne religiöse Gefühle.

Im Handeln sind es Menschen, die fürsorglich für andere sein können, gerne die Umgebung, das Milieu schmücken und auf ihr persönliches Aussehen sehr achtgeben, bzw. das manchmal sogar übertreiben. Das Benehmen solcher Menschen kann auch kokette Formen annehmen. Sie sind bereit, durch Dick und Dünn zu gehen, ihre Motivation ist die Liebe. In einer lieblosen Umgebung gehen sie ein. Eine ihrer Hauptaktivitäten kann die Kunst sein, entweder als Hobby oder als Beruf.

Venusmenschen haben die Neigung, sich mit Hingabe für andere zu opfern und müssen aufpassen, daß sie sich dabei nicht verlieren. Sie sind kreativ, lieben Schleckereien, und wenn sie hierbei nicht aufpassen, werden sie dicklich. Auch lieben sie die Intrigen, vor allem, wenn es darum geht, über Beziehungen zu reden.

Schauen wir uns wieder beispielhafte Persönlichkeiten dieses Typus an. Bei Haydn finden wir viele Venusqualitäten. Es ist interessant, wie sehr Beethoven Haydn verehrte, denn Mars bildet die Polarität zur Venus.

Bei der Betrachtung unserer geschilderten Biographien finden wir in Biographie C eine Frau, die mit all ihren visionären Anschauungen, ihrer Opferbereitschaft und ihrer Liebesbereitschaft eine starke Venusqualität hat. Im forschenden Element ist auch eine Saturnkomponente bei ihr vorhanden. Der Merkurwille entwickelt sich bei ihr durch ihr therapeutisches Handeln.

Aber auch in der Biographie 5, einem Mann, finden wir eine starke Venuskomponente. Dieser Mann hat ein sehr intensives ästhetisches Gefühl. Er ist Blumenzüchter und er pflegt und liebt die Erde; darin äußert sich zugleich auch eine Mondqualität. Wann immer er zu unseren Kursen erschien, brachte er Blumen mit, schmückte selber die Vasen und versorgte mit Gestecken das ganze Haus. In seinen Gedanken tritt das phantasievoll Bildhafte stärker als das logische Denken hervor. Er selbst sagte über sich: «Ich habe bis jetzt immer an die anderen gedacht und das getan, was die anderen wollten! Ab jetzt möchte ich tun, was ich will!»

Was können wir vom Venustyp lernen? Das pflegende, umsorgende Element; insbesondere kann man von ihm lernen, Liebe und Schönheit zu pflegen.

Die Venusmenschen selbst müssen das Denken pflegen lernen; sie müssen lernen, ihre Urteile aus dem Subjektiven ins Objektive zu heben. Ihre Liebe muß sich zur Welten- und Menschenliebe erweitern.

Die Legende von Amor und Psyche spricht von den Aufgaben des Venusmenschen: In der griechischen Venuslegende werden Psyche vier Aufgaben auf ihrem Einweihungsweg gestellt, die sie vor Aphrodite bestehen muß, um Amor zurückzugewinnen.

Die erste Aufgabe: Das Auslesen der verschiedenen Samen, die allesamt auf einen Haufen geworfen worden sind; die Ameisen kommen ihr dabei zur Hilfe.

Die zweite Aufgabe: Ein Stück von dem goldenen Vlies zu bringen (von den bösen Schafen, die auf der anderen Seite des Flusses weiden); das Schilf rät ihr, nachts zu kommen und die hängengebliebene Wolle einzusammeln.

Die dritte Aufgabe: In einem Kristallglas einen Becher klaren Wassers aus dem wildströmenden Quellen des Flusses zu bringen;

Photo: Erich Lessing / AKG, Berlin

Gruppe von Aphrodite und Pan mit Eros.

der Adler des Zeus kommt ihr zur Hilfe und holt das Wasser im Kristallglas.

Die vierte und schwierigste Aufgabe: Das Holen der Schönheitsbüchse von Persephone aus der Unterwelt, wobei sie verschiedene Prüfungen zu bestehen hat. Der Turm berät sie: a) Sie soll den am Eingang liegenden dreiköpfigen Hund Cerberus mit einem Brot überlisten; b) sie soll nicht dem alten Mann helfen, der sein Bündel Holz auf den Esel laden muß; c) sie soll das Überqueren des Flusses dem Fährmann mit einem Taler bezahlen; d) sie soll den Halbertrunkenen, der nach ihr greift, nicht aus dem Wasser ziehen; e) sie soll nicht an der Mahlzeit der Persephone teilnehmen; f) sie soll nicht die Schicksalsnornen befragen.

Alle diese Prüfungen werden von Psyche sowohl auf dem Hin- als auch auf dem Rückweg bestanden – nur am Ausgang der Unterwelt wird sie von ihrer Eitelkeit so überwältigt, daß sie die Büchse mit der verjüngenden Schönheitscreme der Persephone aufmacht und dadurch in Ohnmacht fällt. Es wäre wohl ihr Tod gewesen, wenn nicht in diesem Augenblick Amor zu ihrer Erlösung erschienen wäre.

Die erste Aufgabe bedeutet: Die vielen Gefühle in der Seele ordnen zu lernen.

Die zweite verlangt, sich mit wenig zu begnügen; man braucht nicht die Wolle vom ganzen Schaf, nur gerade die abgeworfene.

Die dritte deutet auf das klare Ordnen der Gedanken.

Die vierte verlangt, sich nicht zu verausgaben, nicht immer nur auf die anderen zu schauen um sich selbst dabei nicht zu verlieren.

Das sind wichtige Aufgaben, die der Venustyp bewältigen muß.

Merkur

Dieser Typus ist häufig klein, zierlich und aufgeweckt; er ist überall und nirgends; zugleich ist er der Gegenspieler des Jupiter, der alles geordnet sehen möchte, während Merkur gerne Chaos verursacht.

Auch als Planet ist Merkur am Himmel schwer sichtbar. Er begleitet die Sonnenbahn und ist selten am Abend- oder Morgenhimmel sichtbar. Er läßt sich nicht einfangen.

Er ist Ausdruck des bewegenden Elements, nichts läßt er stagnieren. Er ist flexibel und anpassungsfähig an die Außenwelt. Das ist seine passive Seite. Aber er vermag auch zu vermitteln zwischen Innen- und Außenwelt. Dadurch bringt er beide Welten ins Gleichgewicht. Der Gott Merkur, griechisch Hermes, ist mit Flügeln an den Füßen dargestellt, damit er sich schnell von Ort zu Ort bewegen kann; er ist auch der Hüter der Übergänge von der Innen- in die Außenwelt und umgekehrt. Aber er ist auch der Vermittler zwischen Himmel und Erde und hat Zugang zur Unterwelt. Es gibt entzückende Legenden über ihn; schon bei seiner Geburt stiehlt er die Tiere des Apollo; er ist erfinderisch und bastelt eine Leier, die er Apollo zur Versöhnung vermacht; er ist auf bloße Halbwahrheiten aus, kommt aber trotzdem bei Zeus, dem Herrscher des Olymp, durchaus gut an.

Als Vermittler ist er der Gott der Diebe, der Autofahrer, der Reisenden und der Ärzte. Er wird öfters mit dem Merkurstab dargestellt. Denn in der Heiltätigkeit geht es ja auch darum, das Oben und Unten durch die Mitte in Ausgleich und Harmonie zu bringen.

Das Denken des Merkurtypus kann man als kombinierendes Denken bezeichnen. Er kann gut kombinieren und assoziieren. Solches Denken wird zum Beispiel im Handel benötigt, wo es darum geht, wo die Waren im Überfluß sind und wo etwas fehlt; wo es auch darum geht, was benötigt wird und wie man etwas besser bewältigen und lösen könnte. Auch der Arzt braucht ein solches Denken, wenn es darum geht, aus verschiedenen Symptomen die richtige Diagnose zu treffen. – Merkur ist sehr neugierig und wißbegierig, er möchte von allem etwas wissen, ohne jedoch in die Tiefe zu gehen. Er ist intelligent und kritisch und lebt ganz in der Gegenwart. Er verfügt über ein relativ gutes Gedächtnis, denn ohne dieses wäre ja das Kombinieren der Gedanken nicht möglich; er kann sich auch an Kleinigkeiten recht gut erinnern. Er hat einen Blick für Details, aber keine globale Übersicht. In seinen Gedanken ist er sprunghaft, in seinem Wesen sehr redselig. Dem anderen fällt es manchmal schwer, ihm zu folgen.

In seinem Gefühlsleben ist er mehr reagierend als aktiv; sein Wesen ist offen und freundlich, alle mögen ihn. Geht es jedoch um die

Wahrheit, wird es manchmal problematisch mit ihm. Er ist zwar kein Lügner, weiß aber immer, wie man gut durchkommt, ausweicht und ablenkt.

Ihm wird nachgesagt, er verspräche zu vielen Bräuten die Hochzeit. Er heiratet aber keine. Im Extremfall kann er kompromißlos sein. Sein Humor ist wechselhaft.

In seinem Handeln ist er flink, gewandt, flexibel und anpassungsfähig. Seine Handeln ist so flink wie seine Gedanken. Er sieht überall die Notwendigkeiten; gibt es sie nicht, erfindet er welche. Er macht sich gerne nützlich. Auch ist er technisch sehr begabt, so daß er für Improvisationen und neue Erfindungen schnell zu haben ist. Dinge, die mit der Wirtschaft, therapeutischem Wirken, Reisen usw. zu tun haben, motivieren ihn. Er erneuert gerne und bringt damit Sachen in Bewegung. Im Sozialen trägt er als Vermittler Wesentliches bei; er vermittelt Waren, Beziehungen und führt Versöhnungen herbei.

Seine größte Gabe ist seine Geistesgegenwärtigkeit, seine Schwäche die Unehrlichkeit.

Alles Musikalische hat einen merkurialen Charakter. Unter den Musikern gibt es einen besonders herausragenden Merkurmenschen und das ist Mozart. Das wird deutlich, wenn man nicht nur seine Musik, sondern auch seine Biographie studiert

Auch in Biographie C und in der Biographie 2 finden wir merkuriale Züge, besonders bei letzterer. Bei beiden ist die Suche nach therapeutischem Wirken sehr ausgeprägt. Erwähnenswert ist auch das für den Merkurtypus typische Märchen der Brüder Grimm «Der Meisterdieb».

Was können wir von Merkur lernen? Geistesgegenwärtigkeit, Flexibilität und Improvisationsgabe. Er vermittelt die Fähigkeit, Elemente nicht stagnieren zu lassen.

In der Biographiearbeit kommt es darauf an, daß der Lebenslauf nicht stagniert. So wie sich im Körper Stoffe ablagern können, so kann sich auch in der Seele etwas verhärten, z.B. Schuld, Haß und andere negative Gefühle. Diese müssen wieder aufgelöst werden, damit die Seele erneut in Bewegung kommt und wieder frei atmen kann. – Der ganze Lebenslauf ist, wie das Wort schon sagt, in

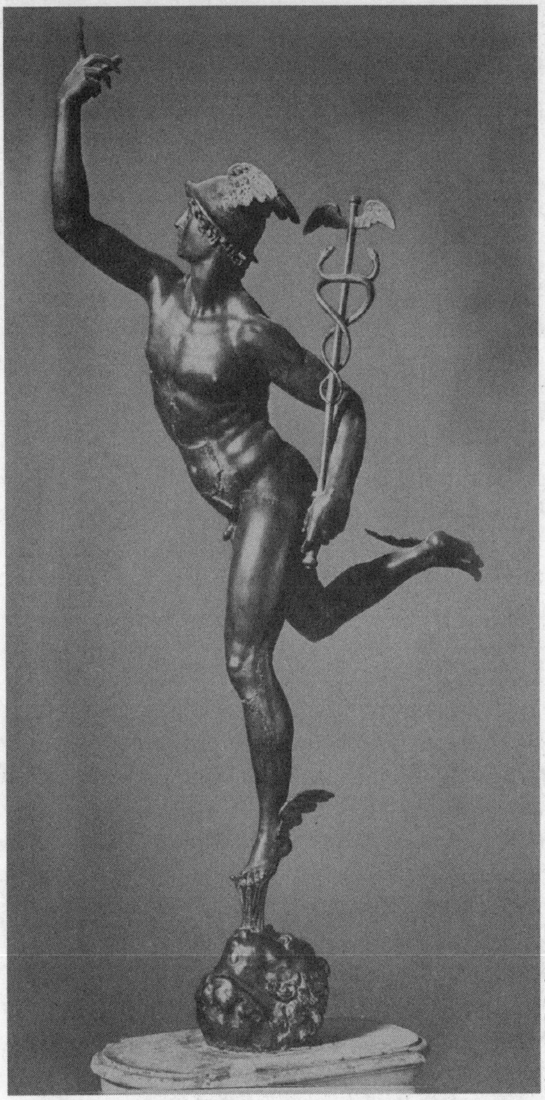

Photo: AKG, Berlin

Giovanni da Bologna, Merkur.

Bewegung. Mit geschickten und geistesgegenwärtigen Fragen im richtigen Augenblick bringen wir die Angelegenheiten wieder in Fluß.

Der merkuriale Typ selbst muß lernen, sich tiefer mit einer Sache zu verbinden, sich z.B. eine von seinen vielen Freundschaften herauszusuchen und diese gut zu pflegen. Er sollte lernen, hinzuhören und sich durch Fragen in den anderen hineinzudenken. Ferner sollte er das Interesse für eine bestimmte Sache besonders pflegen.

Der Mond

Schauen wir des Abends zum Himmel, so haben wir entweder die Phase des zunehmenden oder des abnehmenden Mondes vor uns. Der Mond hat mit dem wäßrigen Element zu tun, mit dem Anschwellen und dem Abschwellen. Er reguliert den Säftestrom der Pflanzen und von alters her wird er mit der Befruchtung, dem wachstumsanregenden Element in Verbindung gebracht. Sehen wir am Abend den Vollmond am Himmel, sehen seinen Glanz und sein Licht, das das gespiegelte Sonnenlicht ist, so regt dies unsere Phantasie an. Manch einer verfaßt dann ein Gedicht oder komponiert gar ein Lied. Um die Zeit des Neumonds erblicken wir den Mond als Schale, als Sichel – das kann einen ganz besonders berühren, weil es die Geste des Empfangens ist. In die geöffnete Schale kann etwas hineinströmen. Die Schale, in die die Sonne hineinleuchtet, ist wie die Gralsschale.

Die Mondgöttinnen Isthar in Babylonien, Isis in Ägypten und Artemisia in Griechenland wurden immer im Zusammenhang mit dem Jungfräulichen, aber auch mit dem Mütterlichen gesehen. Auch die Mutter Maria wird dargestellt mit dem Mond unter ihren Füßen. Die männliche Seite des Mondes finden wir in Neptun, dem Gott des Meeres, der als alter Mann mit weißen Haaren und vier weißen Pferden aus dem Wasser steigt, die Meeresungeheuer zurücklassend. Betrachtet man die Statue der Artemisia von Ephesus von hinten, so fällt auf, daß der untere Teil ihres Gewandes aus lauter Mondschalen besteht, in die hinein von oben die

Strahlen der Sonne fallen und sich gleich einem Schleiergebilde nach unten bewegen. Hier erscheint wieder das Gralsmotiv, in dem Mond und Sonne verbunden sind. Anthroposophisch ausgedrückt könnten wir sagen, daß der Astralleib mit seinen Mondkräften das Ätherische der Sonne, bzw. das Ichhafte der Sonne empfängt und aufnimmt.

Wenden wir uns nun dem Mondtypus zu. Dieser ist rundlich, phlegmatisch und sieht bis ins Alter hinein jünger aus als er ist – im Gegensatz zu seinem Gegenspieler Saturn. Er strahlt eine gewisse Ruhe aus. Seine Passivität kommt daher, daß er die Umgebung spiegelt und es daher schwer hat, selber aktiv zu werden.

Sein Denken hat Spiegelungscharakter; er wiederholt vieles, was andere bereits gesagt haben; er hat ein sehr gutes Gedächtnis und kann die Gedanken anderer gut einordnen und bewahren; auch ist er gut im Anlegen von Statistiken oder Archiven; er hat Phantasie und träumt gerne vor sich hin.

Im Fühlen kommt man nicht leicht an diesen Menschentyp heran, weil er nach innen gekehrt ist und die Außenwelt spiegelt. Man muß den Spiegel erst zerbrechen, um an ihn heranzukommen. Er richtet sich sehr nach seinem Instinkt und nimmt leicht eine mütterliche oder väterliche Haltung ein, umhüllend und ernährend. Die Beziehung von gleich zu gleich ist schwierig für ihn.

Im Handeln sind es Menschen, die sehr mit der Natur verbunden sind; sie leben häufig im Rhythmus der Natur, stehen mit der Sonne auf, gehen früh ins Bett und haben ein großes Schlafbedürfnis. Gegenüber der Natur bewahren sie eine pflegende Haltung. Die Familien- und Blutsbande sind ihnen wichtig. Ein weiblicher Mondmensch, der keine Kinder hat, kann darüber sehr unglücklich sein; da ein solcher Mensch kleine Kinder gerne pflegt, wird er vielleicht Kindergärtnerin werden, kranke Kinder pflegen oder in einem Beruf, der mit Ernährung zu tun hat, tätig werden; also z.B. als Köchin, Ernährungswissenschaftlerin oder ähnliches. Eine andere Fähigkeit des Mondmenschen ist das ordnende, wiederholende Sammeln; auch das bildhafte und genaue Beobachten regt zum Sammeln, z.B. von Naturalien, an. So verfügte Goethe zum Bei-

Photo: AKG, Berlin

Statue der Ephesischen Artemis, sog. Schöne Artemis.

spiel, der doch überwiegend Jupiterqualitäten aufwies, über eine enorm geordnete Sammlung von Naturalien und Kunstgegenständen, was ohne eine Mondqualität nicht möglich gewesen wäre. Auch das Ordnen von Archiven, Bibliotheken usw. liegt solchen Menschen. Sie möchten etwas aus der Vergangenheit für die Zukunft konservieren. Das ist etwas, was sie auch durch das Fotografieren oder Malen einer Landschaft oder von Gegenständen erreichen können.

Das Bedürfnis zum Pflegen der Natur kann sich im Landwirtschaftlichen äußern. In ihrem Handeln sind die Mondmenschen vorsichtig. Zur Sexualität haben sie eine instinktive Beziehung. Diese instinktive sexuelle Art kann leicht entarten. Sowohl übermäßiges Trinken als auch sexuelle Neigungen können sie negativ prägen. Viele Filmschauspieler, schon allein durch ihren Beruf, aber auch durch ihre äußere Schönheit, gehören zu diesem Typus, z.B. Marilyn Monroe. Unter den Musikern möchten wir Franz Schubert aufführen. Er lebte in musikalischen Phantasien und besaß eine hohe und sehr vielfältige kreative Kraft. Zugleich gab er nicht viel auf sein Äußeres. Das kann ebenfalls ein Merkmal dieses Typus sein kann. Schlampig und nachläßig wie er war, wurde er ein Opfer der Syphilis.

Schauen wir uns unsere Biographien an, so läßt sich Biographie 1 in diese Kategorie einordnen. Sie ist eine kleine rundliche Dame, sehr ordentlich und mütterlich, hauptsächlich während der Zeit der Krankheit ihres Mannes. Sie baute Geschäfte auf, wozu sie natürlich auch Mars- und Jupiterqualitäten benötigte, und wenn man diese betrat, so war alles wunderbar geordnet und vielfältig. Auch ihren Angestellten gegenüber hatte sie diese mütterliche Haltung.

Bei der Beratung in der Biographiearbeit ist es sehr hilfreich, wenn man den Menschen zurückspiegelt, was sie gesagt haben – sei es wörtlich oder Satz für Satz. Man schreibt oft auch das Erarbeitete auf, damit man es für die nächste Sitzung parat hat. Zudem kann es einem selbst auch als Spiegel dienen. All das sind Mondqualitäten.

Mondmenschen müssen selbst an ihrer Trägheit arbeiten und vielleicht zur Unterstützung von außen her aktiviert werden. Ihr Interesse und ihre Aktivität könnte durch Kunst gefördert werden, oder aber auch durch das Interesse an anderen Menschen.

Die Sonne

Das Licht der Sonne ist Ausdruck erhabener geistiger Wesenheiten. Die Sonne verbreitet Licht (Weisheit), Wärme (Liebe) und Leben (Kreativität).

Die Sonnenkräfte im Menschen regen diesen an, sich mit seinem höheren Ich zu verbinden. Deshalb ist dies eine Qualität, die bei allen anderen Planetenqualitäten auch als Ziel vorhanden ist und in uns zur Sonnenqualität werden kann. Die Sonne kann alle anderen Qualitäten beleuchten und in Harmonie miteinander bringen. Der Sonne ist das Bild des Mithras zugeordnet, der den Stier in sich selber besiegt; das Bild des Stieres hat zu tun mit den astralischen Mondkräften. In der persischen Mythologie ist der Name des Sonnenwesens Ahura Mazdao, in Ägypten Osiris und in Griechenland Apollo; er ist es, der mit seiner Leier das Chaos ordnet; er ist das Sinnbild der Seele, der inneren Sonne; Helios hingegen ist für die äußere Sonnenbahn verantwortlich. Die alten Führer der Menschheit hatten etwas sonnenhaftes; das archetypische Bild des Sonnenhaften aber ist Christus selber.

Der Sonnentyp ist harmonisch und wohlwollend. Sein Denken, Fühlen und Wollen sind in Harmonie. Sein Ausdruck ist vornehm, er strahlt Ruhe und Großzügigkeit aus. Dieser Typus hat einen starken Gerechtigkeitssinn. Seine Beziehungen zum Licht sind interessant. Obwohl er selber Licht und Wärme ausstrahlt, liebt er die kalten, dunklen Wintermonate nicht. Er braucht das Sonnenlicht, und im Extremfall kann er sogar mit Licht schlafen.

Sein Herz ist der Herrscher über Denken und Handeln, doch er verliert sich nicht in Gefühlen. Die Wahrheit ist für ihn wichtig, man kann ihm vertrauen. Sein innerer Reichtum beschenkt die Umgebung. Der Sonnentyp gerät in Konflikte, weil er anderen zu

Apollon. Mittelfigur im Kampf der Lapithen mit den Kentauren.

sehr vertraut; er handelt aus dem Herzen, was manchmal von den anderen ausgenutzt wird.

Im Denken sind diese Menschen klar und durchsichtig; sie verfügen über eine positive Lebenseinstellung und sind eher optimistisch als pessimistisch. Da ihr Denken mit dem Herzen verbunden ist, sind sie für das Spirituelle offen.

Im Fühlen sind sie voller Wärme, sie können das Gute in den anderen sehen und es fördern; ihr Gefühl ist voller Humanität, denn ihr Herz schlägt für die Menschheit. Wenn die Sonnenqualität entwickelt wird, läßt sie den Menschen vom Egoismus zum Altruismus schreiten.

Im Handeln ist das Spirituelle der Sonne die Quelle all unserer moralischen Taten. Die Kreativität, durch die man vom Einzelnen zum Ganzen kommt, sowie großzügiges und freigiebiges Handeln sind charakteristisch für diese Persönlichkeiten. Sie tun gerne das Gute, und man spricht von ihnen häufig als von Sonntagskindern.

Die Haupttugend des Sonnenmenschen ist das Gerechtigkeitsgefühl; seine Schwäche ist eine gewisse Faulheit; da man schon über viele Fähigkeiten verfügt, hat man das Gefühl, man bräuchte sich nicht so bemühen wie die anderen.

Ein Märchen, das diese Qualität enthält, ist «Hans im Glück». Suchen wir nach entsprechenden Menschen, so verfügte beispielsweise Mozart neben seinen merkurialen Kräften auch über starke Sonnenkräfte. In Persönlichkeiten wie Albert Schweitzer oder Franz von Assisi leuchtete die Sonnenkraft durch, besonders aber in dem Maler Raffael.

Potentiell hat jeder Mensch diese Kraft in sich, er muß sie nur ausbilden. Dies ist möglich, wenn die Seele sich immer mehr zu einem Kelch formt, so daß das geistige Licht, das höhere Ich, hineinstrahlen kann.

In der Biographie-Beratungstätigkeit wird etwas sonnenhaft, wenn die Lebensmotive in einer produktiven Weise wie einzelne Töne zu einer Melodie geformt werden können. Auch der Dirigent eines Orchesters muß viel von dieser Qualität besitzen.

Natürlich können wir für jeden Planetentypus einen entsprechenden Beruf finden. Viele Menschen sind in ihrem Beruf unglücklich, das aber nicht deswegen, weil der Beruf für sie ungeeignet ist, sondern weil sie in ihrem Beruf nicht das Richtige tun. Der Saturnmensch z.B. hat Ideen, er benötigt eine mehr in die Forschung gehende Aktivität; nehmen wir als Beispiel einen Arzt, einen Ingenieur oder einen Kaufmann; in all diesen Berufen muß man Forschung betreiben. Der Saturntypus ist dafür der Bestgeeignete, weil er das Ziel sehen kann, das andere haben, und außerdem die Fähigkeit hat, sich auf eine Sache zu konzentrieren.

Der Jupitertypus oder die Jupiterfähigkeit kann nun alle Forschungsergebnisse zusammentragen, um sie aus der Überschau zu einer Ganzheit zu ordnen und zu einer Schlußfolgerung zu kommen. Er ist z.B. in der Lage, eine genaue, im gegebenen Falle auch eine strategische Planung darüber vorzunehmen, wie weiter vorgegangen werden muß, um die Forschung in die Praxis umzusetzen.

Nun kommt der Marstypus oder die Marsfähigkeit. Hier wird die genaue Planung aufgegriffen und konkret in die Praxis umgesetzt. Der Marsmensch ist der Unternehmertyp par excellence. Das Unternehmen würde aber bald zugrundgehen, wenn sich nicht die Venustypen dafür einsetzen würden, es zu pflegen und zu ernähren und das richtige Arbeitsklima zu schaffen.

Anschließend muß der Arbeitsprozeß in Fluß kommen; hier braucht es den merkurialen Typus oder die merkuriale Fähigkeit, um alles in Bewegung zu setzen. Wenn Erneuerungen erforderlich sind, werden diese ausgeführt.

Schließlich benötigen wir noch den Mondtypus und seine Fähigkeit, Erfahrungen zu sammeln, Archive, Akten, Bibliotheken und dergleichen aufzubauen, damit die Dinge für die Zukunft nicht verloren gehen.

Jeder kann versuchen, in sich selbst die verschiedenen Planetenqualitäten zu finden. Er wird entdecken, daß die eine dominiert, zwei weitere stärker vorhanden sind, eine andere schwächer und vielleicht

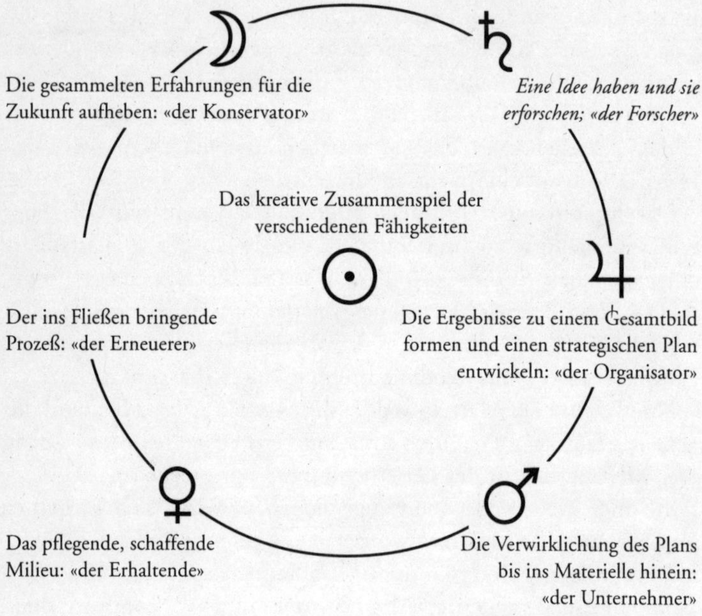

Die Sonnenqualität besitzt die Kreativität, um aus dem Ganzen etwas Neues entstehen zu lassen.

wiederum eine andere gar nicht vorhanden ist. Es kommt nun sehr auf die Mischung an. Besitzt jemand nur obersonnige Qualitäten, ist er einseitig. Allerdings stehen sich Saturn und Mars polar gegenüber; deshalb kommen sie selten zusammen in einer Person vor. Saturn ist der nach innen Gerichtete, in die Vergangenheit Schauende, der Idealisierende, während Mars der Unternehmerische, Praktische, nach außen und in die Zukunft Blickende ist. Saturn oder Mars können jeweils mit Jupiter verbunden sein. Die obersonnigen Planeten repräsentieren mehr die männliche, aktive Seite.

Wenn nur die untersonnigen Qualitäten, die die empfangende, passive, eher weibliche Seite darstellen, vorhanden sind, wird es ebenfalls einseitig. Hier ist häufig eine passiv nach außen gerichte Venusqualität mit der nach innen gerichteten Mondqualität kombiniert. Um mehr in Aktivität zu geraten, ist dann die Ergänzung durch eine obersonnige Qualität notwendig. Eine gute Kombination ist die von Saturn mit Venus. Da verbindet sich eine aktive mit einer passiven, eine nach außen gerichtete mit einer nach innen gerichteten Qualität. In der Legende des Parzival ist dies in wunderbarer Weise dargestellt. Parzival, der ein Saturntyp ist, kommt auf dem Leidensweg zum Gral und vermählt sich mit Kondwiramurs, die starke Venusqualitäten besitzt.

Der Jupitertyp neigt zum Herrschen, indem er Formen und Ordnung herstellt. Wird all dies zu steif und starr, braucht er den chaotischen Merkur zum Ausgleich. Wiederum in der Parzivalgeschichte ist es Feirefiz, der die Sternenweisheit vom Orient bringt und sich mit Repanse de Schoye, der Gralsträgerin, vermählt. Das ist sein Weg zu Christus, zum Gralsmysterium. Beide haben das nach außen und nach innen Gerichtete; der Jupiter ist an der aktiven Seite und Merkur an der passiven Seite tätig.

Und schließlich benötigt der Marstyp, der aktiv nach außen gerichtet ist, jemanden, der ihn spiegelt. In der Parzivalgeschichte ist Gawan der Marstypus. Orgeluse, der Mondtyp, ist es, die ihn zwar verführt, aber durch ihn auch in Aktivität gerät und so beiden den Weg zum Gral ebnet. Es gibt in der Parzivalsage keinen besonderen Sonnentyp, aber alle gelangen sie, jeder auf seine Weise, zum Gral.

Wir haben uns hier auf die Qualitäten beschränkt, die Menschen in ihren Seelenhaltungen als Gaben von den Planetensphären mit auf die Erde bringen. An diesen kann das Ich im Laufe des Lebens arbeiten und die Qualitäten ändern. Schauen wir auf den Lebensleib, so finden wir auch dort sieben Lebensprozesse. Coen van Houten beschreibt sie in seinem Buch «Erwachsenenbildung als Willenserweckung»[39]. In der Biographiearbeit arbeiten wir mit ihnen in einem besonderen Kurs über das Erlernen der sieben Schicksalsschritte.

Ein weiteres Thema, das nicht berührt wurde, sind die Auswirkungen der Planetenkräfte in der Organbildung. Hierüber können Sie Angaben in der Literaturliste finden. Dasselbe gilt für die sieben Metalle, die sich in unserer Erde unter der Einwirkung der Planeten gebildet haben. Hier ließe sich auch eine Metalltypologie entwickeln.

Wir haben das Planetenthema in der Art herausgegriffen, wie es uns für die Biographiearbeit am meisten interessiert; andere mit den Planeten zusammenhängende Themen müssen durch das Studium der entsprechenden Bücher ergänzt werden.

XII. Ergänzungen zur eigenen Biographie

Betrachte ich mein eigenes Leben in den letzten Jahren, so möchte ich es anhand der Spiegelung um das 42. Jahr aufschreiben. Es geht mir hauptsächlich um die Seelenentwicklungszeit von 21 – 42 und die damit verbundene geistige Entwicklungsperiode ab 42 Jahren. Bei der Konzentration auf die wichtigsten Daten geht natürlich vieles verloren, besonders das, was sich im seelischen Bereich abgespielt hat. Die beiden Zeitspannen von 21-42 und von 52-63 waren Perioden intensiven Lebens. Beginnend ab etwa 43-44 war zu bemerken, daß sich eine allmähliche Wandlung in meinem Aufgabenbereich vollzog: Aus dem praktisch-medizinischen und praktisch-familiären und häuslichen Bereich ging es nunmehr in eine mehr lehrende und geistige Tätigkeit über, die sich stetig wandelte und steigerte. Bevor wir nun die Biographie um das 42. Jahr spiegeln, einen kurzen Überblick über die Jahre von 21-63:

21-28 J.: Eindringen in die Anthroposophie, Lernphase des Arztberufs, sowie der Mutterrolle und der Ehegefährtin; es ging darum, Lebenserfahrungen zu sammeln. Die Grundgefühle in dieser Zeit waren geprägt von einem Staunen über alles, was die Anthroposophie, die Eurythmie, meine Kinder, das Leben generell mir offenbarten.

28-35 J.: Erlernen künstlerischer Therapien in Europa; wichtig war insbesondere die Aufnahme der Kultur und auch die Entwicklung einer eigenen Familienkultur (in der Elternrolle, als Ehefrau, im eigenen Hausstand). Im Grundgefühl überwog die Freude an den neuen Entdeckungen über den Menschen.

35-42 J.: Umsetzen in die Tat: Klinik (Beginn der Clínica Tobias, der ersten anthroposophischen Klinik in Südamerika überhaupt). Hierbei ging es um die Bildung eines Kreises von Menschen, der die Impulse tragen und zur Ausführung bringen konnte. Das Grundgefühl bestand im Vertrauen zur geistigen Welt, das sich besonders bei der Grundsteinlegung der Klinik und bei der Erwartung meines vierten Kindes (2. Sohn) offenbarte.

42-49 J.: Erweiterung der Klinik nach außen. Konsolidierung des Arbeitsteams. Die letzten drei Jahre von 39-42 spiegeln sich stark mit der Zeit von 42-45. Dann beginnt die Lehrtätigkeit mit Studenten; im gleichen Zeitraum habe ich mich verstärkt der Sozialtherapie gewidmet.

49-56 J.: Gründungen: Artemisia, Centro Paulus, A.B.M.A. Intensivere Erwachsenenbildungstätigkeit, hauptsächlich durch Biographiekurse. Dabei entwickelte sich Artemisia zu einem kulturellen Zentrum und einem Begegnungszentrum mit Theateraufführungen, Konzerten usw. Die geistige Erlebnisfähigkeit und die Umwandlungsfähigkeit der Menschen waren das Erstaunlichste. Das Grundgefühl in dieser Zeit war Ehrfurcht.

56-63 J.: Aktivitäten in Europa. Zurückschenken, was aufgenommen worden war. Intensivierung der Biographiearbeit und Ausbildung von Biographiearbeitern. Das Fühlen war besonders durch den Wunsch geprägt, einen Samen in Menschenherzen zu legen, der sich dort entfalten können sollte.

Bei dieser Spiegelung (S. 194/195) kommen die Gefühle und Haltungen stärker als die äußeren Faktoren heraus, obwohl auch bei diesen Spiegelungen zu finden sind.

Schaue ich mir nun meine Biographie an, um sie zu ergänzen, so fällt mir das gar nicht so leicht. Die sieben letzten Jahre nach dem Autounfall, den ich mit 59½ Jahren erlitt und bereits in meinem Buch «Das Leben in die Hand nehmen» kommentierte, standen sehr stark unter dem Motto «Arbeit». Es ging besonders darum, in Europa Biographie-Impulse zu verankern. Das hieß, zweimal im Jahr jeweils sechs bis acht Wochen Kurse und Seminare hintereinander zu geben. Anfangs habe ich gerne eine Erholungswoche für Reisezwecke angehängt; so lernte ich Marokko, die Pyrenäen, Portugal, Nordspanien und Nordfrankreich, Schweden und Gotland kennen.

Als dann mein Mann plötzlich erkrankte (ich war in meinem 66. Lebensjahr), stellte ich mich ganz auf die Kurse um und ließ die Erholungswochen fallen. Es fanden viele menschliche Begegnungen statt. Hatte man sich mehr als zweimal in einem Kurs gesehen, so entstanden manchmal schöne und interessante Freundschaften. Einige dieser Begegnungen und Freundschaften habe ich tief in mein Herz geschlossen; und natürlich entsteht die Frage: Was für eine Bedeutung haben sie für die Zukunft? Mein Wohlergehen in dieser Arbeitszeit verdanke ich ganz besonders etwa fünf Menschen und natürlich auch den Institutionen, die mir die Arbeit während so langer Zeit ermöglicht haben, u.a. der Lukas-Klinik, dem Krankenhaus Lahnstein, dem Hof und dem Forum Kreuzberg.

Das intensive Mitarbeiten der Teilnehmer hat mich über so manche Müdigkeit hinweggebracht. Meistens konnte ich nach so einem Kurs erleben, daß ich erfrischter daraus hervorging als ich begonnen hatte. Das war stets ein großes Geschenk. Wichtig war aber auch, zu erleben, wie sich die Teilnehmer in einem Kurs verwandelten.

Meine Kurse führten mich hauptsächlich in die Schweiz, nach Deutschland, Spanien, Portugal, Schweden und England, einmal sogar in die USA. Besonders Deutschland habe ich immer als meine geistige Heimat empfunden. Der Höhepunkt dieser Arbeit war 1997 am Krankenhaus Lahnstein, wo die Kollegen Biographien unter dem

Biographie der Autorin

Leben am See (Sto. Amaro), Umzug nach São Paulo	0		
Trennung der Eltern, Großmutter übernimmt Erziehung.	1		
Stiefmutter Tita kommt ins Haus	4		
Tante Emma (Anthroposophin) besucht uns viel	5		
Einschulung, Lernen portug. Sprache	6		
	7		
von Auto überfahren, fast tot	9		
in den Ferien (von 6 bis 10 J.) nach Rio zur Mutter – Schulwechsel in die Deutsch-brasilianische Schule			
Tod der Großmutter. Sportclub, Wunsch nach mediz.Studium	12		
	13		
Schulwechsel in brasilianische, sehr wissenschaftliche Schule	13	70	
Erste Liebe zu einem Chilenen / Schwimmsport	16	68	Einleben, Bücherschreiben, Chile, Kursbesuche in Europa
Vorbereitung Universität	17	67	Knieoperation / Umzug Florianópolis
Beginn des Studiums an der Universtität	18	66	Daniel Herzprobl./Reisen: USA, Nordosten Brasiliens mit Danieli Reise mit Tiago nach Schweden,
Freude an Naturwissenschaften		65	Gedächtnisverlust in Kreta – mit Solway und Tiago
		64	Beginn der Biographie-Weiterbildung in Bras. Frankreichreise mit Thomas und Silvia
Bekomme Buch über Kristallisationen geschenkt / «Ich-Erlebnis» / Reise n.Argentinien – Vorträge über Goethe.	21	63	Umzug Thomas + Silvia nach Florianópolis. Publizieren der deutschen Bücher
Heirat mit Peter.	22	62	Eröffnung der Sprechstunde /Heirat Thomas-Silvia
[illegible]	23	61	[illegible]

			Nordamerikareise / E. Kübler-Ross /
			Tod Cristina (Schwiegertochter)
Beendigung Medizinstudium	24	60	Autounfall
Geburt Solway (2. Tochter) / Übernahme Institut des Vaters (Physiotherapie / Naturheilkunde)	25	59	2 x jährlich Therapeutenweiterbildung / Kauf Ilha Bela / Daniel beginnt Adigo
Gründung der 1. Waldorf-Schule / Tätigkeit als Schulärztin	26	58	Beginn Biographiearbeiten in Europa (Krebspatienten)
Besuch des Ehepaars Lerois / Gründung der Weleda	27	57	Buch Tierkreiszeichen
Röteln / 2. Europareise – Italien und Urchristentum	28	56	2. Reise nach Griechenland
Geburt Thomas (1. Sohn) / Zeit der luziferischen Verführung	29	55	Tod Günther (Schwiegersohn) / Heirat Thomas / Grundstein Artemisia / Tiago kommt, um definitiv mit uns zu leben.
Tod des Vaters / Hausbau der Familie (Av. Baia)	30	54	2 x fast ertrunken / Reisen nach Afrika und Griechenland / Bücher über Ernährung / Klinikaustritt wegen Erschöpfung und übergroßer Verantwortung
Besuch von Kügelgen/ neue Wendung /Schulaustritt	31	53	Beginn Artemisia
	32	52	Gründung A.B.M.A. (brasilian.Ärztegesellschaft) / Rita Leroi in Brasilien
Stuttgart – Begegnung mit Hauschka, Else Sittel, Ehepaar Lehrs und B. Lievegoed. Auf der Rückreise	33	51	Eröffnung Centro Paulus / Faust-Aufführung
fällt Thomas vom Schiffsdeck.	34	50	Grundstein Centro Paulus
Argentinien-Reise / Verkauf von Vaters Institut / Bekomme Darlehen für die Klinik	35	49	4-monatiger Kurs im «Center for Social Development» Irlandreise
Grundstückkauf Klinik / Baupläne / musikal.Phase	36	48	Eintritt in Oster-Raffael-Kreis
Grundsteinlegung Klinik	37	47	Grundstückserwerb Artemisia
Geburt Tiago (2. Sohn)	38	46	Beginn der Biographiearbeit
Beginn der Klinik, Associação Tobias	39	45	Studentenarbeit beginnt. Begegnung Daniel
Besuch Lievegoed und Frau / Klinik	40	44	Tunnel-Gefühle (von 42 – 44)
Begegnung und Auseinandersetzung mit einem Arzt und Rosenkreutzer	41	43	ahrimanische Verführung

42 Europa-Reise / Besuch bei Lievegoed

Gesichtspunkt der Planetenqualitäten von u.a. Goethe, Schiller, Novalis, Mozart, Schubert und Haydn vorbereitet und vorgestellt haben; das war, als würde der ganze Planetenkreis und dessen geistige Wesen zusammentreffen. Eine anschließende Fahrt nach Weimar verstärkte dieses Gefühl und so war es für mich schwer, von der Arbeit Abschied zu nehmen. Ich nahm mir aber fest vor, 1998 ein Sabbatjahr einzulegen; ich wollte ein Jahr der Verinnerlichung widmen.

In diesen letzten Jahren ragen außer der Arbeit aber auch einige Erlebnisse heraus. Da ist z.B. das 66. Lebensjahr; ich war also 65 Jahre alt und hatte ein voll verplantes 66. Lebensjahr vor mir. Mein Mann, der selber in einem intensiven Arbeitskurspensum steckte und viel von zu Hause weg war, hatte bereits in den letzten beiden Jahren meine längeren Abwesenheiten in Europa moniert. Dieses Jahr Ende Februar fiel mir die Abreise sehr schwer, ich hatte ein bedrückendes Gefühl und absolut keine Lust. Doch als ich in der Schweiz ankam, erwartete mich eine neue Gruppe – die erste kontinuierliche Gruppe – und von Anfang an waren wir «ein Herz und viele Seelen!» So stieg ich mit Begeisterung ein. Mitte der zweiten Woche, wir waren fast am Ende, erhielt ich die Nachricht, daß es meinem Mann nicht gut ginge. Er läge auf der Intensivstation, habe vermutlich einen Herzinfakt. Ich entschloß mich, sofort zurückzufliegen und eilte vom Flughafen direkt ins Krankenhaus. Inzwischen war mein Mann mit allopathischen Medikamenten vollgestopft und aus der Intensivstation entlassen worden. Ich übernahm sogleich die Wachen, wie das in brasilianischen Krankenhäusern üblich ist; nach weiteren zwei Tagen wurden wir vom 12. Stock in den «Keller» verlegt. Die ersten beiden Tage war ich recht euphorisch gewesen, mit der Umlegung aber überkam mich eine tiefe Depression, ich war ganz unten! Mein Mann schlief fest; ich erwachte gegen vier Uhr morgens und langsam spürte ich, wie eine Aufrichtekraft mich ergriff und ich wieder ganz da sein konnte. Ein mir selber Verzeihenkönnen, eine große Ruhe und tiefer Frieden überkamen mich. Nach einigen Tagen durften wir nach Hause. Ich entschloß mich, die Kurse in Europa wieder aufzunehmen. Das war auch der Wunsch meines Mannes, der einige Zeit für sich selbst benötigte. In demselben Jahr im Juli hatte ich mit all meinen Kindern und Enkeln eine Reise im Wohnmobil in den USA geplant. Wir flogen nach Los Angeles, um dort die zwei Wohnmobile abzuholen und fuhren zum Grand Canyon, dem Yellowstone Park und anderen Orten. Es waren drei herrliche Wochen! Ich hatte das Erlebnis «da hat Gott selber sich seine Tempel erbaut!» Auch die Kinder und Enkel waren begeistert. Bald danach brachte meine Tochter Aglaia (42 Jahre, die mit ihrem Mann nicht an der Reise teilgenommen hatte) mein Enkelkind Leonardo mit einer Hausgeburt auf die Welt.

Schließlich reisten mein Mann (der sich auch nicht an der USA-Reise beteiligt hatte) und ich für drei Wochen in den Nordosten Brasiliens. Wir fanden uns auf dieser Reise wieder ganz zusammen und beschlossen gemeinsam, unsere Arbeit langsam abzubauen, um selber wieder einige Sachen aufzugreifen, die wir in den letzten Jahren vernachläßigt hatten. Als wir dann Anfang des nächsten Jahres bei meinem Sohn Thomas in Florianópolis zu Besuch waren (wir hatten dies schon einmal vorher getan), gefiel es uns dort so gut, daß wir uns entschlossen, ein Grundstück zu kaufen und ein halbes Jahr später, im September 1996, dort einen Hausbau zu beginnen; schon im April 1997 konnten wir umziehen!

Zum einen waren die Verkehrsverhältnisse in São Paulo immer schwieriger geworden – von der Artemisia aus bis zu unserem Arbeitsplatz benötigten wir 1½ bis 2 Stunden (früher 30-45 Minuten) Fahrzeit – zum anderen wollten wir nicht mehr so viel Verantwortung tragen; Bei meinem Mann betraf das seine Beratungsfirma Adigo und bei mir die Artemisia. Die Kollegen waren alle darauf vorbereitet, die Institutionen alleine weiterzutragen; nun hatten sie die völlige Autonomie dazu erhalten.

Unser Entschluß, nach Florianópolis umzuziehen war wohl positiv; wir haben uns auf unserer Insel gut eingelebt. Wir genießen die Sonne, den Wind und die Sterne am meist kristallklaren Nachthimmel. Wir genießen den Kontakt zur Natur und insbesondere zum Meer. Wir haben wieder Freude an kleinen Dingen gefunden. Etwa alle ein bis zwei Monate fahren wir für eine Woche nach São Paulo, wo mein Mann weiterhin für die Betriebsberater-Weiterbildung und ich für die Weiterbildung in Biographiearbeit verantwortlich sind. Endlich haben wir wieder Zeit, uns in die Anthroposophie zu vertiefen, aber nun in einer ganz neuen Form. Das meditative Leben kann wieder rhythmisch gepflegt werden. Auch die Beziehung erleben wir in gänzlich neuer Art. Die Anthroposophie ist für uns noch existenzieller als früher geworden, gehen wir doch langsam dem Lebensende entgegen. Das Unwesentliche hat an Wichtigkeit verloren (was nicht heißt, daß es uns nicht mehr stört); man versucht in diesem Alter das Essentielle stärker zu ergreifen. Für uns ist auch die tägliche Arbeit wie z.B. Waschen, Kochen, Einkaufen, den Garten Gießen eine Herausforderung geworden, denn bis jetzt hatten wir, wie hier in Brasilien üblich, Hausangestellte für diese Arbeiten zur Verfügung. Gelegentlich komme ich mir wie ein Kind vor, das «Häuschen» spielt. Weiterhin sind es für mich immer noch «Aha»-Erlebnisse, wenn ich im Pantanal während einer Bootsfahrt plötzlich eine Onça – einen Jaguar – sehe; ein besonderes Erlebnis ist auch der Anblick der Walfische, die, vom Südpol kommend, an den Küsten von Santa Catarina in Begleitung ihrer Jungen dahinschwimmen, oder die Begleitung von Delphinen in Paaren oder Grüppchen bei einem Strandspaziergang.

XIII. Abschluß

Noch ein letzter Kommentar für die, die das Buch «Das Leben in die Hand nehmen» bereits gelesen haben. In dem Kapitel «Vom 28. bis zum 35. Lebensjahr» sind Bilder, Gedichte und Geschichten angedeutet. Die dort erwähnte Norwegerin ist vor zwei Jahren mit ihrem brasilianischen Ehemann nach Norwegen zurückgekehrt. Ihr weiteres Ergehen dort ist mir nicht bekannt. Der junge Mann, der das Gedicht geschrieben hat, hat sich innerlich von der Familientraditon und den Todesängsten befreit. Er hat eine glückliche Familie gegründet und hat zwei Kinder. Von dem Autor der Biographie 7 habe ich nichts mehr erfahren.

Schauen wir uns die Metamorphosen der drei männlichen Biographien A, B und 5 an. Hier sehen wir eine gewisse Verwandschaft, insofern jeweils in den Jahren 42-49 etwas eintrat, was zu einer inneren Befreiung geführt hat. Für den Mann scheint es mir besonders wichtig, daß gerade in dieser Marsphase eine neue Wertung, eine eigene Position im Leben, ein Selbstsein erobert wird. – Diese Schritte ermöglichen das Gefühl der inneren Freiheit. So ist es die entscheidendste Vorbereitungsphase für das, was später im Leben kommt.

Bei der Frau findet eigentlich diese Konfrontation mit sich selber, das Heranreifen, das Heranwachsen und das Anschauen ihrer neuen Werte bereits in der Phase von 35-42 statt.

Es ist wichtig, daß die Frau in *freilassender Weise* und aus einer gewissen Distanz, diese Phase des Mannes von 42-49 begleiten kann. Andererseits ist es für die Frau wichtig, daß sie in der Phase von 35-42 in *unterstützender Weise* von ihrem Mann begleitet wird.

Was die Beziehung anbetrifft, so sind dies die schwierigsten Jahre für die Schaffung einer wirklich soliden Basis für alles das, was später im Leben noch kommen mag.

Eine helfende, unterstützende, aber völlig freilassende Haltung herzustellen, eine Liebe zu entwickeln, die den anderen in seiner Individualität ganz und gar respektiert, das ist die goldene Regel für diese Zeiten.

> Leben in der Liebe zum Handeln
> und leben lassen im Verständnisse
> des fremden Wollens
> ist die Grundmaxime des
> freien Menschen.[40]
>
> *Rudolf Steiner*

Es ist an der Zeit, noch ein paar abschließende Worte zu den Kapiteln «Geistige Ereignisse in der Biographie» zu sagen. Viele Menschen glaubten in früheren Zeiten – und in einigen Gegenden wohl z.T. bis heute – an Wunder und haben passiv oder auch in Gebetsstimmung auf diese Wunder gewartet. Heute spüren die Menschen überhaupt nicht mehr, wie viele Wunder in ihrem eigenen Leben, ja, im täglichen Leben, geschehen. Es geht jetzt darum, sich durch die Biographiearbeit, durch das « Geist – Erinnern» diese Wunder wieder bewußt zu machen und diesen Ereignissen gegenüber ein Dankbarkeitsgefühl zu entwickeln.

Dieser Tage sagte mir einer meiner Söhne: «Weißt du, was ich in deinem Buch vermisse? – Biographien, die zu einem erfolgreichen Leben führen!» Da dachte ich: Eigentlich hat jede Biographie einen inneren, manchmal nach außen hin nicht sichtbaren Erfolg. Es sind Leiden, die zur Weisheit führen. Manchmal wird das sichtbar, ein anderes Mal bleibt es unsichtbar. Viele Früchte werden eben erst in einem anderen Leben geerntet. Sogenannte erfolgreiche Biographien werden heutzutage von den verschiedensten Verlagen im Taschenbucheinband veröffentlicht. Man kann das sehr begrüßen, denn das Studieren der Biographien anderer und das Wiedererkennen von etwas in uns selber weckt die geistige Kraft des Ich in uns immer mehr auf.

Anmerkungen

1 Gudrun Burkhard, Das Leben in die Hand nehmen. Arbeit an der eigenen Biographie, Stuttgart 1992
2 Rudolf Steiner, Der Lebenslauf des Menschen vom geisteswissenschaftlichen Standpunkte, GA 55, Vortrag vom 28.2.1907 in Berlin, Dornach 1983
3 Rudolf Steiner, Die Polarität von Dauer und Entwicklung im Menschenleben, GA 184, Vortrag vom 14. September 1918, Dornach 1983
4 Rudolf Steiner, Esoterische Betrachtungen karmischer Zusammenhänge, Band III, GA 237, Vortrag vom 6.7. 1924, Dornach 1982
5 Rudolf Steiner, Die Offenbarungen des Karma, GA 120, Vortrag vom 16. Mai 1910, Dornach 1976
6 Rudolf Steiner, Das Zusammenwirken von Ärzten und Seelsorgern, GA 318, Vortrag vom 11.9.1924, Dornach 1994
7 Rudolf Steiner, Unsere Toten, GA 261, S. 293, Dornach 1984
8 Johann Wolfgang von Goethe, Gedichte; S. 199, München 1982
9 Rudolf Steiner, Wahrspruchworte, GA 40, Dornach 1986
10 ders. Esoterische Betrachtungen karmischer Zusammenhänge, GA 236, Vortrag vom 18.5.1924, Dornach 1988
11 zitiert nach George und Gisela O'Neil, Der Lebenslauf, aus dem Kapitel: «Die Brücke im 35. Lebensjahr», Stuttgart 1995
12 Rudolf Steiner, Initiationswissenschaft und Sternenerkenntnis, GA 228, Vortrag vom 27.7.1923, Dornach 1964
13 Rudolf Steiner, GA 236, a.a.O.
14 Rudolf Steiner, Die Offenbarungen des Karma, a.a.O.
15 Grimms Märchen, Frankfurt 1996
16 Rudolf Steiner, Inneres Wesen des Menschen zwischen Tod und neuer Geburt, GA 153, Vortrag vom 12.4.1914, Dornach 1997
17 Rudolf Steiner, Die Offenbarungen des Karma, a.a.O.
18 Rudolf Steiner, Die soziale Grundforderung unserer Zeit, GA 186, Vortrag vom 12.12.1918, Dornach 1990
19 Rudolf Steiner, Wiederverkörperung und Karma, GA 135, Dornach 1989;

Die Offenbarungen des Karma, a.a.O. Esoterische Betrachtungen karmischer Zusammenhänge, 6 Bde., GA 235 bis 240

20 Aus dem Vortrag vom 17.2.1910 in: Rudolf Steiner, Metamorphosen des Seelenlebens II. Teil, GA 59, Dornach 1984

21 Die beiden Sprüche sind, anders als häufig vermutet, nicht von Rudolf Steiner. Sie könnten von Adolf Arenson stammen.

22 z.B. in: Rudolf Steiner, Esoterische Betrachtungen karmischer Zusammenhänge, Bd.2, Vortrag vom 29.5.1924, Dornach 1988

23 Rudolf Steiner, Das Initiatenbewußtsein, GA 243, Dornach 1993

24 ders., Das Leben zwischen dem Tode und der neuen Geburt im Verhältnis zu den kosmischen Tatsachen, GA141, Dornach 1997

25 ders., Ursprungsimpulse der Geisteswissenschaft, GA 96, Dornach 1989

26 ders., Das Miterleben des Jahreslaufes in vier kosmischen Imaginationen, GA 229, Vortrag vom 6.2.1924, Dornach 1989

27 ders., Esoterische Betrachtungen karmischer Zusammenhänge Bd. 4, Dornach 1981

28 Von Rudolf Steiner; zitiert nach: Hans Müller-Wiedemann, Karl König, Stuttgart 1992, S. 317. Es handelt sich um einen Brief Steiners an Christoph Boy, einen Lehrer der Waldorfschule.

29 Siehe zur Vertiefung: Athys Floride: Les Recontres Humaines et le Karma, sowie George und Gisela O'Neil, Der Lebenslauf, a.a.O.

30 Lisa Tetzner, (hrsg.), Die schönsten Märchen der Welt für 365 und einen Tag, München 1985

31 Italienisches Märchen, aus: Italo Calvino (hrsg.), Italienische Märchen, Zürich 1993

32 Siehe hierzu auch die Paulusbriefe an die Korinther, sowie Rudolf Steiner, Erfahrungen des Übersinnlichen. Die drei Wege der Seele zu Christus, GA 143, den Vortrag «Die Liebe und ihre Bedeutung für die Welt» Dornach 1994

33 Bernard Lievegoed, Der Mensch an der Schwelle, Stuttgart 1986

34 Dieses Gedicht von Herbert Hahn wurde mündlich und persönlich an Waldorflehrer und Schüler gegeben.

35 Walter Holtzapfel, Auf dem Wege zum hygienischen Okkultismus, Dornach 1988

36 Über die esoterische Bedeutung dieses Ereignisses siehe Rudolf Steiner, Das Lukasevangelium, 6. Vortrag, GA 114, Dornach 1985

37 Siehe hierzu Wilhelm Hörner, Zeit und Rhythmus, Stuttgart 1993

38 In: Margarethe und Erich Kirchner-Bockholt, Die Menschheitsaufgabe Rudolf Steiners und Ita Wegman, Dornach 1976.

Die männliche Bezeichnung der Sonne im 1. Vers und die weibliche Bezeichnung des Mondes im 2. Vers hat Rudolf Steiner bewußt so gesetzt, weil damit der Charakter beider Gestirne richtig getroffen ist.

39 Coenraad van Houten, Erwachsenenbildung als Willenserweckung, Stuttgart 1996.

40 Rudolf Steiner, Die Philosophie der Freiheit, GA 4, IX. Kapitel, Dornach 1995

Literaturverzeichnis

1. Biographie und Karma

Bock, Emil: Wiederholte Erdenleben. Die Wiederverkörperungsidee in der deutschen Geistesgeschichte. Stuttgart 1996.

Burkhard, Gudrun: Das Leben in die Hand nehmen. Stuttgart 1992.

dies.: Schlüsselfragen zur Biographie. Stuttgart 1995.

Deverell, Dore: Light beyond the Darkness. The Healing of a Suicide across the Threshold of Death. London 1996.

Floride, Athys: Les Rencontes humaines et le Karma. Genf 1983.

Fucke, Erhard (Hrsg.): Vom Lebenslauf des Menschen. 12 Vorträge von Rudolf Steiner. Stuttgart 1991.

Van Houten, Coenraad: Erwachsenenbildung als Willenserweckung. Stuttgart 1996.

Johanson, Irene: Christuswirken in der Biographie. Stuttgart 1992.

Kirchner-Bockholt, Margarethe und Erich: Die Menschheitsaufgabe Rudolf Steiners und Ita Wegmans. Dornach 1976.

Lievegoed, Bernard C.: Der Mensch an der Schwelle. Stuttgart 1986.

ders.: Lebenskrisen, Lebenschancen. München 1979.

O'Neill, George und Gisela: Der Lebenslauf. Lesen in der eigenen Biographie. Stuttgart 1994.

Ritchie, George; Sherill, Elizabeth: Rückkehr von Morgen. Marburg 1997.

Schmidt-Brabant, Manfred: Das Wirken von Geistwesen in der Biographie. Dornach 1993.

Schöffler, Heinz Herbert (Hrsg.): Mensch und Sterne. Planeten- und Tierkreisentsprechungen in Mensch und Erde. 8 Vorträge von Rudolf Steiner. Stuttgart 1990.

Schuchhardt, Wolfgang: Schicksal in wiederholten Erdenleben. 5 Bde., Dornach 1990.

Sheehy, Gail: New Passages. New York 1976.

dies.: Pathfinders. New York 1981.

dies.: Predicable Crises of Adult Life. New York 1976.

Steiner, Rudolf: Das Lukas-Evangelium. GA 114, Dornach 1985.

ders.: Makrokosmos und Mikrokosmos. GA 119, Dornach 1988.

ders.: Die Offenbarung des Karma. GA 120, Dornach 1976.

ders.: Wiederverkörperung und Karma. GA 135, Dornach 1989.
ders.: Das Leben zwischen Tod und neuer Geburt im Verhältnis zu den kosmischen Tatsachen. GA 141, Dornach 1997.
ders.: Inneres Wesen des Menschen und Leben zwischen Tod und neuer Geburt. GA 143, Dornach 1997.
ders.: Das Karma des Berufes des Menschen in Anknüpfung an Goethes Leben. GA 172, Dornach 1991.
ders.: Wie kann die Menschheit den Christus wiederfinden? GA 187, Dornach 1995.
ders.: Geistige Zusammenhänge in der Gestaltung des menschlichen Organismus. GA 218, Dornach 1992.
ders.: Das Miterleben des Jahreslaufes in vier kosmischen Imaginationen. GA 229, Dornach 1998.
ders.: Esoterische Betrachtungen karmischer Zusammenhänge. 1. Band, GA 235, Dornach 1994; 2. Band, GA 236, Dornach 1998; 3. Band, GA 237, Dornach 1991; 4. Band, GA 238, Dornach 1991; 5. Band, GA 239, Dornach 1985; 6. Band, GA 240, Dornach 1992.
ders.: Das Initiaten-Bewußtsein. GA 243, Dornach 1993.
Treichler, Rudolf: Die Entwicklung der Seele im Lebenslauf. Stuttgart 1995.
Wachsmuth, Günter: Kosmische Aspekte von Geburt und Tod. Dornach 1956.
ders.: Die Reinkarnation des Menschen als Phänomen der Metamorphose. Dornach 1983.

2. Planetenrhythmen und Planetenqualitäten

Bolen, Jean Shinoda: Götter in jedem Mann – Besser verstehen, wie Männer leben und lieben. Basel 1991.
ders.: Göttingen in jeder Frau – Psychologie einer neuen Weiblichkeit. Basel 1989.
Bryant, William: Der verborgene Puls der Zeit. Dornach 1997.
Hoerner, Wilhelm: Zeit und Rhythmus. Die Ordnungsgesetze der Erde und des Menschen. Stuttgart 1993.
Lievegoed, Bernard C.: Planetenwirken und Lebensprozesse in Mensch und Erde. Stuttgart 1992.
Schramm, Henning: Märchen und Heilmittel. Schaffhausen 1988.
Selawry, Alla: Metallfunktionstypen in Psychologie und Medizin. Heidelberg 1985.

Steiner, Rudolf: Initiationswissenschaft und Sternenerkenntnis. GA 228, Dornach 1985.
Veltman, W.F.: Menschentypen – Planetenwirkungen in der menschlichen Seele. Stuttgart 1997.
Vreede, Elisabeth: Astronomie und Anthroposophie. Dornach 1980.

3. Andere Themen

Ben Aharon, Jesaia: Das spirituelle Ereignis des 20. Jahrhunderts. Eine Imagination. Dornach 1993.
Calvino, Italo (Hrsg.): Italienische Märchen, Zürich 1993.
Goethe, Johann Wolfgang: Gedichte. München 1982.
Gebrüder Grimm: Märchen, Frankfurt am Main 1950.
Holtzapfel, Walter: Auf dem Weg zu hygienischen Okkultismus. Dornach 1988.
Müller-Wiedemann, Hans: Karl König. Eine mitteleuropäische Biographie im 20. Jahrhundert. Stuttgart 1992.
Steiner, Rudolf: Die Philosophie der Freiheit. GA 4, Dornach 1995.
ders.: Wahrspruchworte. GA 40, Dornach 1986.
ders.: Die Erkenntnis des Übersinnlichen in unserer Zeit und deren Bedeutung für das heutige Leben. GA 55, Dornach 1983.
ders.: Metamorphosen des Seelenlebens. 2. Teil, GA 59, Dornach 1984.
ders.: Erfahrungen des Übersinnlichen. Die drei Wege der Seele zu Christus. GA 143, Dornach 1994.
ders.: Die soziale Grundforderung unserer Zeit. GA 186, Dornach 1996.
ders.: Das Zusammenwirken von Ärzten und Seelsorgern. GA 318, Dornach 1994.
Tetzner, Lisa: Die schönsten Märchen der Welt für 365 und einen Tag. 12 Bde., München 1985.

Weitere Bücher von Gudrun Burkhard

Das Leben in die Hand nehmen

Arbeit an der eigenen Biographie.

Mit einem Vorwort von Dr. Michaela Glöckler.
238 Seiten, kartoniert.

Arbeit an der eigenen Biographie führt nicht nur dazu, daß wir das Leben besser in die Hand bekommen, wir verstehen auch die anderen Menschen besser. Unsere Biographie wird so zum Organ für soziale Prozesse, aus denen auch wir selbst mit unserer Geschichte hervorgegangen sind.

Schlüsselfragen zur Biographie

Ein Arbeitsbuch.

159 Seiten, kartoniert.

Gudrun Burkhard ist mit diesem Buch dem Wunsch zahlreicher Leser nachgekommen, wesentliche Fragen für die Arbeit an der eigenen Biographie zusammenzustellen.
Jedem Jahrsiebt ist ein Leitbild vorangestellt, in dem der Charakter des jeweiligen Lebensabschnittes dargestellt wird. Zu den einzelnen Abschnitten ist jeweils genügend Freiraum für Eintragungen gelassen, so daß das Buch als Arbeitsbuch verwendet werden kann.